国际著名规划师
韩国理财大师

〔韩国〕李英柱 著
千太阳 译

30年后，你拿什么养家

凤凰出版传媒集团
译林出版社

图书在版编目（CIP）数据

30 年后，你拿什么养家 /（韩）李英柱著；千太阳译．—南京：译林出版社，2011.5

ISBN 978-7-5447-1755-7

Ⅰ．① 3… Ⅱ．①李…②千… Ⅲ．①投资－通俗读物 Ⅳ．① F830.59-49

中国版本图书馆 CIP 数据核字（2011）第 062868 号

北京市版权局著作权合同登记号 图字：10-2011-203号

书　　名 **30年后，你拿什么养家**

作　　者 〔韩国〕李英柱

译　　者 千太阳

责任编辑 陆元昶

特约编辑 冯旭梅

出版发行 凤凰出版传媒集团
译林出版社（南京湖南路1号　210009）

电子信箱 yilin@yilin.com

网　　址 http://www.yilin.com

集团网址 凤凰出版传媒网 http://www.ppm.cn

印　　刷 三河市三佳印刷装订有限公司

开　　本 960×640毫米　1/16

印　　张 10.5

字　　数 100千字

版　　次 2011年5月第1版　2011年5月第1次印刷

书　　号 ISBN 978-7-5447-1755-7

定　　价 22.00元

目　录

荐　言

相约美丽人生

通常情况下，那些精通金融谈判的人，都是实践经验相当丰富的人，但相对而言，他们的理论知识会薄弱一些。相反，那些理论知识丰富的人，实践经验又不足。虽然他们的故事经常会令人感到新奇，但是对于“投资者究竟应该怎样去做”这一问题却给不出一个明确的答案，以至于常常使读者误入复杂繁琐的理论陷阱。

能够遇到熟练掌握财务规划理论，同时又具备丰富实践经验的人，实乃幸事。因为这些人使用的是日常生活用语，而非专业术语，所以语言简洁易懂，令人受益匪浅。

本书的作者就是兼备理论与实践的著名财物规划师。通过多方求教、研究以及无数次的洽谈案例，他坚持不懈地致力于研究“如何才能增加财富，怎样才能够妥善管理增值后的财富，究竟能否创造幸福美好的人生”等问题，最终整理、编写出了本书。

在各种金融投资技巧和理论图书“泛滥成灾”的今天，本书以“以人为本的资产管理原则”为立足点，独树一帜。比起瞬息万变的投资技巧与方法，本书更致力于研究与我们生活息息相关的资产管理法则。所以说，这些知识对每个人来说都是必备的。而且，本书通过故事和案例，说明了复杂难懂的投资理论和理财知识，以便读者理解和接受。

因无法读懂个人资产管理和理财方面的书籍而不知所措、感到迷茫甚至失望的读者朋友，今天，我将向你隆重推荐这本书。请不要只读一遍，希望你将它带在身边，有空的时候拿出来翻翻。

我确信，本书能够帮助读者朋友改变人生，并规划出一种美好的生活。

韩国教保人寿保险　常务

朴乐元

前 言

百年致富秘诀

我是研究“人”的理财规划师。每一位作者都希望自己的书能够畅销。同样，我也希望这本书能够拥有广大的读者群，并能帮助读者朋友拥有更加幸福、美好的人生。就在笔者写这本书的时候，一种愿望油然而生——由衷地希望这本书能够在十年甚至一百年后依然深受广大读者的喜爱。

孔子和孟子等哲人在几千年前写下的文字能够流传至今，实在令人震惊。江山经历了数百次的更迭，而他们的文章和思想却经久不衰。

最近，市面上流行的图书或理论很少有能保鲜一年的。就在前不久还认为某个理论是正确的，而今也还不过数月，它就被推翻了。

或许，最主要的原因是时代正在发生着剧变。不过，人们盲目跟风也是不可忽略的因素。在这种世态下，读者想要选择一本真正有益于自身的书，委实有些困难。

我很想写一本理财方面的经典书籍，因为我一直希望能够找到像古典音乐或古圣贤传世经典那样的，无论时间怎样流逝都能永恒不变的成功法则。然而，当真正要动笔的时候却遇到了一个难题，不管是我所研究的理财方法，还是经济状况，时刻都在变化着。在这样一种变化中，想找出一条永恒不变的法则实在很难。因此，本书的写作可谓几易其稿。

“莫非，世上真的没有永恒不变的致富法则？”

“难道，真的就写不出经典的理财书？”

正在苦恼之际，突然有个想法在脑海中一闪而过。

正所谓“风无形，云无象”，变化不定的事物是无规律可循的。所以，想要寻找法则就应该研究不变的事物。

这时，我找到的答案正是“人”。我们无法预测投资对象，因为它时刻都在变。然而，作为投资主体的“人”却具有永恒不变的特性。

这本书不是为研究股票或房地产打造的，而是通过对我们以前所忽略的“人”这一因素进行回顾，进而挖掘出取胜之道。阅读本书，你就会明白为什么自己没能成为富翁了。

本书记载了十年甚至一百年之后都不会过时的永恒的致富法则。真心希望本书能帮助读者发现人生真谛，抓住契机。

真心感谢国际金融理财师郑泰雄、金尚培、吴宗润等人，在本书的写作过程中，他们给了我很多灵感。在生活中，他们早已将本书中提到的理财法则付诸实践了。而我，不过是将他们的想法按照一定标准整理出来，并使其变得规范罢了。在此，我还要真心感谢在物质以及心理上给了我极大帮助的（株）韩国财物规划协会及其各委员和职员。

同时，还要感谢每天凌晨起床为我祈祷的母亲和坚强的后盾——妻子炅慧。此外，还想对我生活的原动力——两个儿子升炫、道炫说声：“我爱你们！”

感谢主赐予我这一切。

李英柱

序　言

要想成为富翁，就得研究“人”

大多数人都梦想成为富翁。即便不能成为富翁，也希望能够丰衣足食。有谁想让自己穷困潦倒地过一生呢？

那么，为了成为富翁，人们究竟都在做些什么呢？

企业家为了赚取更大的利益而努力扩大自己的事业；上班族为了增加收入，通过储蓄或投资的方式不断积累财富。不管是谁，只要有了钱，就会为财富的增值而去研究理财方法。能够直接反映这一现象的就是风靡整个社会的理财风暴。

那么，只要撇开手中的其他事情，整天研究股票和地产，就能够成为富翁吗？事实并非如此。如果真的那么容易，单靠研究股票知识就能成为富翁，那么那些在大学和研究生院，利用几年时间来学习股票的学生和整天以研究股票走势为生的证券业务员，早就捷足先登成为亿万富翁了。而事实上呢？理想与现实总是存在差距的。

就拿现在来说吧，虽然有许多投资专家在研究股票和房地产，但是谁都无法断言，他们就会比一般人赚更多的钱。当然，也有一些人成功地赚到了钱，不过是极少数罢了。而且，在这些成功人士的成功法则中，很大一部分与投资无关。不仅如此，那些效仿成功人士的人中，真正能够成为富翁的更是少之又少。

那么，为什么连投资专家也很难成功呢？

原因就在于，致富之道并不存在于那些专家研究的股票或房地产中。股票、房地产等理财投资手段随时都在变化，而投资者却很难预料其中的变化。而且，谁也无法肯定地说，适用于今天的投资方法在明天也同样适用。

那么，怎样做才能成为富翁呢？随着时间的流逝，投资手段也在发生着变化，难道真的没有永恒不变的致富法则吗？

答案在于“人”

商品或者投资对象随时都有可能发生变化、交替，但是人却具有不变的特性。硬是要研究时刻都处于变化中的事物，在短时期内也许可以找出一条法则，然而一旦环境发生改变，法则就会随之淘汰。而研究不变的事物就不一样了，不管时间过去多久，周围的环境如何改变，都能找出一条永恒不变的法则来。人不会变。因此，只有研究“人”才能找到答案。

财富的最终答案就蕴藏在投资主体——“人”中。因而，将“人”刨除在外，专攻股票或房地产等投资对象，是找不出答案的。

这是意料之中的结果。答案本来就不在那里，当然不可能在那里找到答案。

一般企业中都有生产部和营销部。生产部是主要负责生产产品的部门，营销部是主要负责销售产品的部门。生产部门是研究如何生产更好的产品，而营销部研究的是如何能卖出更多的产品。这个营销部就是研究“人”的部门。

在过去，大多数企业都认为只要搞好生产就可以万事大吉。而如今的企业已经摒弃了这个旧观点，开始注重起营销来。因为他们渐渐地明白，研究购买商品的人要远比研究商品重要得多。

当今社会，只要与人们衣食住行有关的行业，都开始调转矛头研究起“人”来。虽然趋势如此，但投资市场上仍有人醉心于研究投资对象和商品。

综观所有，提炼核心，我们要去做的事情就变得非常明确了。想要投资成功，想要成为富翁，那么就去研究人吧。分析企业的股票价值，研究投资对象或商品固然重要，但前提应先将人研究清楚。在研究人的特征、行为方式的过程中，你会找到永恒不变的致富法则。

有句话叫做“一切唯心造”。

也就是说，世上所有的事情都取决于人的一颗心。

去研究“人”吧！真正的致富之道就在于“人”。

第一章 计划

致富法则一

或许，研究股票和房地产，也能发现适用于特定情况的投资方法。然而，一旦情况发生改变，就会面临意想不到的可怕后果。原本非常适用的方法将变得不再适用。而在研究投资主体——人的时候，你会发现一个永恒不变的成功法则，找到一条真正经得起时间考验的、可持续发展的投资之路。

若真想成为富翁，就应该具备朝着既定的目标坚定不移走下去的决心和毅力。因此，在做事之前应先制订明确的计划和目标。

巧不胜拙

（勤勉不懈的乌龟赛过讲究效率的兔子）

“效率”只不过是懒人偷懒的借口。

通常情况下，人们会对长时间地做一件事情感到无聊或害怕。大多数人都认为，通过规律性习惯和坚持不懈的努力取得成功的人非常了不起。由此可见，人类思想的基本倾向离规则和勤勉还很遥远。

吃饭、睡觉等日常生活人人都在坚持，但是这种坚持不是由人们的主动意向去操控的，而是由人们的被动意识控制的。这种坚持与我们的生命息息相关。倘若一件事做不做都无关紧要，那么与做相比，人们更容易选择不去做。

每年年初，人们都会为新一年的奋斗定下目标：一定要戒烟、运动减肥、多读书，等等。但是，短则三天，长则一两个月，计划就会全部泡汤。而且，放弃计划的人都各有各的理由。

年初有点忙，所以……有太多的事情要做……虽然理由众说纷纭，但在诸多理由中，有一个共同的关键词——“效率”。

所谓效率这一基准

崔部长决定每天早上6点起床，然后去做运动。于是，从一月初开始他每天都坚持6点钟起床。一周后，由于公司会餐，他喝酒喝得忘记了时间，将近凌晨3点才得以回家。这种情况下，如果6点起床的话，那么睡觉时间就只剩下3个小时了。

他会怎么想呢？

"既然已经下定了决心，就少睡一会儿，继续6点起床？"在这种情况下，人们都会为自己开脱道："做运动固然很好，但是如果因为睡眠不足，一整天浑浑噩噩的，影响到了工作，那就得不偿失了。今天还是不去了，先好好睡一觉再说，这样才更有效率。"

接下来的第二反应就是："一天不去也没什么大不了的，明天开始6点准时起来不就得了！"想到这里，立即将闹钟调到了7点，安心睡觉去了。

最后发生了什么样的事情，想必读者都能够猜得到。显然，过不了多久运动就会在断断续续中进行并最终中断。由于各种理由，起床的时间会变得越来越没规律。盲目地讲究"效率"，就会失去原则。"效率"只不过是懒人偷懒的借口罢了。

用一种方法坚持

一开始谁都不曾想过要草草了事。无论是谁，在最初的时候都会抱着坚持到底的决心去设定目标。但是，一旦在现实生活中遇到变故，人们就会根据当时的情况改变既定目标。他们会信誓旦旦地解释说，这是在考虑到“合理性”和“效率性”的前提下，将目标合理化的做法。经过这一改造，原本未完成的目标消失了，结果又是一事无成。对于这样的损失，人们往往无视它的存在。

让我们一起来回顾一下儿时读过的《龟兔赛跑》的故事吧！还记得当初跑得飞快的兔子和爬得非常慢的乌龟，究竟谁赢了比赛吗？

兔子采取的是有力气时快跑，没力气时就休息，偶尔还打打瞌睡的效率型方法。而慢吞吞的乌龟采取的方法是，一刻不停地、坚持不懈地“跑”向目的地。结果很明显，勤勉不懈的乌龟赛过了讲究效率的兔子。

投资的道理也是一样。与其左右摇摆不定，见风使舵，不如选好一个投资方案，持之以恒地坚持下去。而且这一方法，已被证实为是实现成功投资的一条捷径了。然而，至今还有不少人打着“效率”的旗号，寻找更适合的投资手段或最近收益比较好的基金，结果都吃了大亏。也许，现在你也正为寻找一种投资方法、一件更好的商品，而使出浑身解数。对于你的做法我们不予以反对，但不得不提醒你一句，要想成为富翁，千万不能急于求成。

或许，研究股票和房地产，也能发现适用于特定情况的投资方法。然而，一旦情况发生改变，就会面临意想不到的可怕后果。原本非常适用的方法将变得不再适用。而在研究投资主体——人的时候，你会发现一个永恒不变的成功法则，找到一条真正经得起时间考验的、可持续发展的投资之路。

若真想成为富翁，就应该具备朝着既定的目标坚定不移地走下去的决心和毅力。因此，在做事之前应先制订明确的计划和目标。也许，在你眼中沉闷冗长的事情，会成为你成为富翁的契机。

点 睛

龟兔比赛中，速度缓慢但能够坚持到底的乌龟最终赢了速度飞快的兔子。事例虽然简单，但寓意非凡。在耐力和效率之间，最终获胜的是耐力，而不是效率。所以亲爱的朋友，不要再盲目地追求效率了。要是不想成为累了就休息，困了就睡觉的自以为是的兔子，就做持之以恒的乌龟吧！为自己制订一个明确的计划和目标，然后，坚持不懈地完成它，实现它。相信，在不久的将来，幸福就会向你招手。

目标的力量
可以战胜贪念和恐惧

重要的，不是你现在在做什么事情，而是你为什么要去做这件事情。

金目标科长和朴流行科长是同一天进入公司的。就在不久前，两个人同时购买了累计基金，每个月都存入 20 万。虽然所买基金相同，但他们购买基金的原因却各有所异。

金目标科长有个女儿。与其他的孩子相比，她在乐器方面具有极高的天赋。因此，金科长非常重视培养女儿的艺术情操。为了让多才多艺的女儿充分发挥天赋，他买了好几件简单的乐器送给她。然而女儿对这些乐器都不怎么感兴趣，声称自己最喜欢钢琴。可是钢琴实在太贵了，所以一直没能买。而这一次，买了基金的金科长向女儿保证，一定要攒钱给她买架漂亮的钢琴。金科长的初步打算是，每个月从零花钱里拿出 20 万，然后存够十个月。

时间不等人，不知不觉中，已经是第九个月了。

金科长此刻的心情是怎样的呢？

下个月就可以给心爱的女儿买钢琴了，心情一定格外激动。

终于到了第十个月，金科长来到了证券公司，进行账户清算。

这是怎么回事？当他看自己的账户时，惊喜地发现钱多出了100万。由于收益率超好，账户里的钱竟从先前的200万变成了300万！

金科长高兴得差点跳起来！为了买钢琴昨天还在网上搜索，担心200万买不到合适的而犹豫是否要给女儿买个二手钢琴的他，今天毫无顾虑地为女儿买了那架之前就看好了的钢琴！真是叫人难以置信。

当天，金科长就把所有的钱都从账户里提了出来，实现了女儿和自己期盼已久的愿望。

目标很重要

与前者相比，朴科长的情况就不同了。原本对基金不怎么感兴趣的他，看见股价上涨，人们都争先恐后去买累计基金的鼎沸场景，自己心里也痒痒起来，并犹豫着想去试试。正在这时，银行柜员在他耳边煽起风来，这几句鼓励的话，起了推波助澜的作用，于是他就买了一些。同样，也是每月缴纳20万，坚持了十个月，总计200万。与前者得到的惊喜一样，第十个月的时候，朴科长的账户也多出了100万。

此时此刻，朴科长的心情会是怎样的呢？一方面，他因这笔意外之财而庆幸。另一方面，他又感到非常懊悔。

“早知道是这样，当初就该多买一些……”

50%的高收益率都没能使他满足。他没有因为钱变多了而高兴，反倒因为没能挣到更多的钱而懊恼，甚至陷入了极度的痛苦之中。

在这种情况下朴科长会去把账户注销，将钱取出来吗？答案很明显，不会。

“现在还在继续升值，就算赔了也能留个本，再等等吧！”“这比存在银行里强多了！每月再多存20万，把昨天取出来的钱也拿来购买基金！”

对金钱的强烈欲望使朴科长深陷到投资泥潭中不能自拔。

但是，根据证券市场的特点，股价是不会只升不降的。有上升就会有下跌。所以说，再过一段时间，股价很有可能会下跌。一旦股价开始下跌，收益就会大幅度减少，可能会血本无归。如果在股价已经很高的情况下，投入更多的资金，那么损失可能会更加惨重。

增加了投资额度后，朴科长购买的基金一直呈上涨趋势，这一切看起来顺水顺风，朴科长不禁为自己的决定沾沾自喜。然而好景不长，没过多久股价真的开始下跌了。面对这种情况，朴科长并没有乱了阵脚，只是心中有些不安。他仍期待着股价能够重新上涨。然而，事与愿违，股价不但没有上涨，反而跌得越来越厉害，最后朴科长赔得一塌糊涂。

“是不是投资投错了？”

朴科长感到越来越不安了，但他依旧坚定着股价上涨的信念，并以此不断地安慰自己。就在他不断的期盼中，股价跌得更加严重了。为此，朴科长蒙受了巨大的损失。终于，在忍无可忍之下，他将基金全部抛了出去。

他气急败坏地说道 ：“下次再也不买基金了！ ”

这与金科长的案例相比，有什么不同呢？

乍一看，投资的商品、金额、时间都是一样的，似乎没有什么区别。然而，细分析起来，就不一样了。金科长的投资具有一定的目的性。所以，在他达到目标的那一刻就可以马上实现收益。对于金科长来说，赚钱的目的就是给女儿买钢琴，所以市场走势、收益多少，对他来说都是无关紧要的事情。与之相反，没有明确目标的朴科长，本来也是可以赚到钱的，但由于没能把握住机会，反倒蒙受了损失，最终以失败告终。

那么，当开始产生亏损的时候，能不能继续保持投资，等待股价回升呢？

从理论上讲是可以的。由于股价来回浮动，所以只要耐心等待就会有重新上涨的可能。当年的韩国期货交易所热潮中，大多数持股人都蒙受了巨大的损失。但现在，他们中一定会有人后悔万分地说 ：“当时要是留着就好了……”

也就是说，只要再忍一忍，再坚持一会儿还是会得到收益的。但现实中能忍受那种不安的人却少之又少。很多人都是因为无法再忍一忍，无法坚持到最后，才吃了失败的苦头。这是为什么呢？

贪念和恐惧

证券市场有这样一种现象：在市场处于牛市时，人们的态度渐渐地转向乐观。在股价处于最高点时，人们会贪婪地希望再高一点，再高一点……当股价开始下滑时，虽然不免有些担心，但还是不肯放弃，直到股价跌至最低点，人们就再也按捺不住了，慌张地将股票抛出去。

人是具有感情的动物，所以很多时候，我们会用感性而非用理性的观点去判断事物。因此，在股价上涨、产生收益的时候，人们往往因贪心而无法使收益兑现。于是就出现了股价下跌时，人们在惊慌中，不顾一切放弃投资的情形。简而言之，人们失败的原因就是贪念和恐惧，即情感，而非单纯的、客观存在的股价。

在一天之内收益和亏损来回更迭数十次的证券市场里，几乎没有能够完全克服贪念和恐惧的人。这也是人们走向成功的绊脚石。在此，成功的道路只有一条，就是重视理性判断，抑制感性判断。为此，在做事之前，我们必须制订出一个明确的计划和投资目标。如果在毫无计划和目标的前提下，盲目地进行投资，就算是选择了最好的基金，最终的失败还是无法避免。

话虽如此，但还是有不少投资者，为了寻找一个好的项目和基金，整天忙得不可开交。殊不知，能让你成为富翁的答案就在投资者，即自己身上。

制订明确的计划和目标，这才是成功投资的第一步。

正在做什么事情并不重要，重要的是为什么要做这件事情。

点　睛

乍一看，投资的商品、金额、时间都一样，似乎没有什么区别。然而，细细分析便会发现，金科长进行的投资，是具有一定目标的。所以，当他达到目标的时候，可以马上实现收益。与之相反，人一旦没有了目标，本来可以实现的受益也会变得无法实现。说不定还会蒙受损失，最后只得慌慌忙忙地放弃投资。

今天的严于律己，能够换取明天的自由

妄想坐享其成的人永远不会成功。

无论是在日常生活中，还是在理财过程中，我们经常会看到这样一种现象，许多人都讨厌长时间地、一心一意地去做同一件事情。纵观与金融理财产品投资有关的实际情况，我们可以了解到，在通常情况下，投资较集中的金融理财产品都具有以下几种功能：中途兑现、随时回购、随时加仓减仓，等等。

因为贪图利益是人的天性，所以在许多情况下，人们都是根据这些附加功能去选择商品的。这不仅使商品的主要功能被忽略掉了，还影响了人们正确的投资理念。

站在投资者立场上，这种做法是可以理解的。因为，相对于那些“无法提取现金”、“不予回购”制度，这令人舒服多了。从前，入款、提款并不像现在这么随意，所以在选择商品时人们要考虑许多因素。然而，社会进步了，经济发展了，投资制度也宽松起来了，所以面对商品人们可以大胆地做出选择。

凡事有利就有弊，这是从古到今的哲学真理。好处有了，问题也跟着出现了。从表面看来，这些功能都是绝好的，但实际上并非如此。

由于限定储蓄时间的金融理财产品，不同于以存取款为目的的自由储蓄存款。所以即便这种商品具有自由存取款的功能，也不过是适用于非常时期的一两项附加功能，而非主要功能。所以，频繁使用这种功能的结果，就是让你在不知不觉间花费更多的钱。

频繁使用这种附加功能，还会使人忘记选择商品的真正目的，一旦丧失了目的，就会出现半途而废的情形，所以很多人都无法坚持到最后。通常在这种情况下，最亏的就是投资者，他们将无法实现预期目标。然而，投资公司是绝对不会出现赔本情况的。也就是说，所谓的附加功能不过是用来说服人们购买金融理财产品的工具，华而不实，看起来很美，操作起来就不一定得心应手了。所以它们是否能给投资者带来益处，都是未知的、不能确定的事情。

自由未必是件好事

最近，公司职员金代理因过度疲劳和强大的精神压力，身体状况一直不是很好。为了找回健康的体魄，他决定去健身俱乐部锻炼身体。

其实，金代理下决心做运动已经不是一两次了。每次身体出现异常，他就会想到做运动。去年他就报名参加了健身俱乐部。开始上课的时候，他还兴致盎然的，但渐渐地就失去了兴趣。最终在几次“旷课”之后，选择了放弃。所以这次做决定之后，他开始担心自己是否能坚持下去了。担心归担心，他认为做就比不做强。于是，抽出了一个午休时间，他来到了一家离公司不远的健身俱乐部。

刚一进去，教练A就走过来向他打招呼。

“是来做运动的吧？”

“是的。但是我不敢肯定能不能长期坚持下去，所以想先试一两个月再说，这样可以吗？”

教练A把金代理请到了接待室，向他说明了加入俱乐部的具体条件：“做运动是需要坚持的，一两个月是无法改善身体状况的。想要报名的话，至少也要报6个月，这样我才能帮你制订计划。而且，一定要坚持做，不可以三天打鱼两天晒网。还有一点需要声明，倘若你‘旷课’不来，我们是不会为你延长期限或退款的。所以你要真的想报名，就请先做好心理准备。”

抱着试试看的想法来做咨询的金代理，突然觉得有些烦躁。

“我能坚持做6个月吗？会不会是在白白浪费钱？”

这种情况，相信，正在读这本书的朋友也曾遇到过。

正在这时，站在一旁的教练B走了过来，将金代理请到了另外一张桌子前，说道：“根据规定，在我们的俱乐部里锻炼，起码要坚持6个月。但是生活中世事难料嘛！在我这里报名，你‘旷课’了，我会尽量为你延长期限，你要是真有什么特殊的原因，还可以给你退款……你就先放心报名吧……请……”

听完这话，金代理豁然开朗起来，随即就拿起了笔。不知不觉中，他发现自己竟然在契约书上签了名。

在这里，让我们再仔细回顾一下前面的情景。

无疑，对于做什么事情都只有 5 分钟热情的金代理来说，选择教练 B 要比选择教练 A 更令他放心。但是，在教练 A 和教练 B 中，究竟谁才是真正为金代理健康着想的人呢？

听了教练 A 严格的报名条件，或许大多数人都不会选择在他那里报名。但是要知道，如果真的想通过做运动来改善自己的身体健康，就应该选择教练 A。

那教练 B 呢？

选择教练 B，他的制度宽松多了，所以学生也可以自在一些。但是随着一次又一次的“旷课”，你对运动的重视程度会越来越轻，这样一来也就达不到锻炼身体的目的了。

其实，教练 B 关心的不是金代理的身体健康，他真正关心的，是如何才能让顾客报名，如何赚到更多的钱。报名的多了，他的工资就高了，然而学生要怎么锻炼，想怎么锻炼，他并不关心，只要做好本职工作就行了。

重要的是商品的主要功能，而不是附加功能

这种情况在选择金融理财产品时经常会遇到。

当长时间的定期投资让你有负担的时候，如果有个财务设计师在你面前强调自由存款、随时取款等功能，并建议你加入的话，那么你可能会毫不犹豫地加入进去。然而那个设计师对今后你能否实现目标根本就不感兴趣。因为他的任务就是吸引人购买金融

理财产品。以家庭购物为例，商家在做商品广告时，都会集中挑选顾客最爱听、最容易吸引人的内容来做宣传。然而，让顾客受益并不是他们的真正目的，宣传不过是为了让自己获利而已。难道你真的以为商家会为你考虑吗？

如果你喜欢随时存取款的投资方式，那么可以去银行购买允许随时存取款的专门商品。如果喜欢中途提款，那么一开始就该选择短期金融理财产品。也就是说，在购买以 10 年为期限的产品时，要先考虑清楚自己的需求。如果打算在 5 年内用钱的话，开始就应该选择 5 年满期的产品。

举个例子，原本打算投资 10 年后子女上大学的费用，但后来不仅不能按时存款，有时还要中途取出来用。这样一来，这笔投资的收益是不可能实现的。

在选择产品时要看它的主要功能，而不是附加功能。就好比在选择空调时，我们都会关注它的制冷功能，而不是其他功能。如果购买时，你考虑的是它是否带有空气清洁装置，就是忽略重要因素的表现。将赠品或其他服务功能全部抛到脑后去吧，尤其是在选择关系着自己未来的金融理财产品时，这一点更加重要。“中途提款”、“随时存取款”等功能，是进行长期投资的投资者用来应对非常情况的。所以，不应将这些功能当做投资目标。

如果是在确定了固定的投资期限和目标后开始进行投资，那么即使运行起来有些困难，也要为实现目标而不断努力。如果早就有中途放弃的打算，那么不如不投资。因为这种没有目的的做法不仅不会让你盈利，还会让你亏损。

正如文章开头提到的，比起长时间地、一心一意地做同一件事情，大多数人更喜欢做那些不规则的、较为容易实现的事情。但是，如果用这种生活态度去选择金融理财产品的话，就只能扮演填饱金融公司和销售者的肚子的角色。

点　睛

如果只为了满足眼前的利益而去理财，那么只会给未来增加负担。无论眼前有多少困难，只要制订好明确的目标，坚持投资，就一定能创造出幸福的未来。

赚钱的基金，选择保险型保险的方法

万能＝无能，所有功能都集于一身的商品，等于毫无用处的废品。

路过小村时，经常会看到这样的话：“比萨＋香酥鸡＋可乐，一套 1 万元”。

只需 1 万元就可以吃到香喷喷的比萨、香酥鸡，还有可乐。正值饥肠辘辘之际，马上打电话订购。

套餐送来了，可是尝过之后才知道，一点都不好吃。因为怕浪费，所以吃了几口，但这东西实在是让人难以下咽，于是剩下的部分都被扔掉了。想吃比萨就去比萨专卖店，想吃香酥鸡就应该去香酥鸡专卖店。既想少花钱，又想全都品尝，哪有这么好的事情？想占便宜就会吃亏，所以买“比萨＋香酥鸡＋可乐，一套 1 万元”的结果就是花了冤枉钱，且填不饱肚子。

世上没有能治百病的药

在金融理财产品买卖中我们经常能遇到这种情形，尤其是保险产品，经常会打出这样的广告宣传标语：

“这份保险可以为你的死亡、疾病、灾害作担保，如果没有发生伤亡，还可以转换成年金，在资金紧张的时候，可以中途取出来应急。”

乍一看，真是一份求之不得的好保单。

绝大多数买保险的人，都希望在自己处于危险的时候，能够得到切实的保障，并能在无病无灾的情况下把自己缴纳的本钱要回来。所以，对于买保险的人来说，既可以得到人身保障，又能以年金的形式得到返款，遭遇非常时期，还可以中途提款应急，实在是太难得了。这不仅保障了投资者的人身安全，还保障了他们的未来。

实际上，真正购买之后，它真的像宣传的那么好吗？看看产品的实际内容就知道了，其实这种宣传与之前提到的比萨、香酥鸡套餐没什么两样，它们都无法给客户带来实实在在的好处。

用不高的保险费，不但要对意外死亡进行保障，同时还要对疾病、灾害进行保障，这就意味着不是应对死亡的保险金额少了，就是应对灾害性死亡（发生率低）的保险金额高了。有的时候，保险公司还会将应对疾病或灾害的赔偿金额设得非常少，或针对某些支付条件设定权限。

这样想来，投保人缴纳的大部分钱在用于死亡、疾病、灾害等保险之后，根本省不下多少钱转换年金。其实，年金受领额的多少取决于开始时（55 ~ 60 岁）用于转换为年金的解约返还金的额度。所以，即使是用为数不多的解约返还金转换成年金，到时还是领不到多少年金。甚至还会存在因年金的转换，基本保障被解除，从而丧失原有基本保障功能的隐患。

中途随意取钱的道理也是如此。实际可以取出的钱原本就不多，再加上中途随意取出，很容易导致保险失效，最后会变得模棱两可，东不成西不就。

像这种将所有功能都集于一身的产品，不仅很难为人们提供充分的保障，反而还会使整体的保障功能变得不可靠。即使这种产品的所有功能都非常完善，购买产品的客户也会因难以弄清所有的功能，而在经过了几次反复试用之后，渐渐忘记，从而使之变得毫无意义。其实，这一切都是因购买之初没有确定好明确的计划和目标导致的。

想购买死亡保险，可以选择人寿保险公司的终身保险或定期保险；想为疾病、灾害买保险，可以优先考虑火灾保险公司的治疗费保险；打算准备年金，可以选择年金储蓄、年金信托、年金保险等针对年金的产品；打算中途取款，索性在一开始就去开通一个活期账户或现金管理账户。

如果从流通性的角度考虑，在根据具体目的选择产品的时候，即使是出了意外状况，不得不解除合约，也只能放弃或对一两种产品解约。如果只投资于一种产品，一旦发生因一件小事不得不解除合约的情况，就会被迫放弃产品。

这种情况在购买基金时，也会经常遇到。想尽可能地规避风险，就应该优先考虑投资于像债权或者保障本金的储蓄等较为稳定的资产，而不是投资于像股票型基金这样的收益性资产。倘若坚持要选择股票型基金，那么要想规避风险的话，最好是选择包含股票和债权的混合型基金。但是，由于混合型基金中，股票和基金所占的比例相差不多，所以很容易出现问题。

首先，虽然混合型基金也是商品，但是管理公司会将它分别交给股票管理部门和债权管理部门来进行分类管理。这样一来就使得管理公司的责任变得模糊不清了。在这种情况下，一旦客户想根据具体情况调整投资比重，就只能先将合约解除，然后再重新加入。所以说，与其将1亿的资产投资于混合型基金，倒不如将它分成两份，一份专门用于投资股票型基金，另一份用于投资债权型基金。

综上所述，我们得知，在选择金融理财产品时，一定要在购买前先制订好明确的计划和投资目标。如果嫌麻烦而在没有制订目标的情况下就盲目地进行投资，那么事后的损失就只有客户自己承担了。

点　睛

没有包治百病的灵丹妙药，同样，也没有万能的金融理财产品。与其盲目地相信广告宣传，不如先确定好投资目标，然后再进行选择。

靠年金养老

各得其所，方能各尽其用。

制作大酱的方法大体是这样的：先将大豆制成豆酱饼，再将做好的豆酱饼放进缸里，接着将一定量的盐水倒入缸中。然后放上 40 天，再把豆酱饼从盐水里取出来碾碎后放进坛中，把坛子封好。再过一段时间，打开坛子，就可以品尝到做好的大酱了。怎么样？学会了吗？

家庭主妇 A 嫁到乡下已经有两年了，她在跟婆婆学习制作大酱的方法。实际上，在村子里的小超市中就可以买到上好的大酱。想起婆婆非要这么费尽心思地自己动手做，小媳妇不禁心生埋怨。但转念想想，还是自己做的东西比较干净，吃起来也放心得多。于是她带着好奇，认真地跟婆婆学习起制作大酱的方法来。

制作大酱可没有她想象的那么容易，尤其是在做初期工作的时候。首先要晒干豆酱饼，因为味道浓郁，所以味儿飘得满屋子都是。这味道整整扩散了几周，小媳妇嘴上不说，心里却反感极了，只要一闻到豆酱味儿就头疼。

晒豆酱饼的日子总算过去了，接下来要将豆酱放进缸里，这个工作主要靠时间来完成，大概要用一两个月的时间让它变熟。想到这小媳妇又开始苦恼了。最后，她想出了个馊主意。

“与其像照顾孩子一样，将大酱放进沉重的缸里来回翻盖，倒不如把大缸换成塑料盒。反正放久了都会熟，大缸和塑料盒还不都一样？”

就这样，她把豆酱饼和酱油放进了塑料盒里，将它们封好之后，足足等了两个月。

“这样不仅容易储存，还没有味儿，干吗要费那么大的劲？”

“过去的人真是不懂得变通，都是死脑筋。”

她就像发现了新大陆一样，想起自己的新点子，心里就得意洋洋的。

几个月过去了，A 想，大酱也该好了吧，于是就打开了盒子。可这是怎么回事？婆婆做出来的大酱味道非常好，可自己做出来的大酱怎么是这个味道，和婆婆做的简直没法比！结果，婆婆得知后，好好地给 A 上了“一堂课”。

酒要装进酒坛里，酱要装进酱缸中

为什么会这样？问题究竟出在哪里？

其实答案就在酱缸里。酱缸与塑料盒不同，它是会呼吸的。表面上看起来，它笨笨重重的，盖上盖儿，就像个闷葫芦一样，密封得严严实实。殊不知酱缸是有缝隙的，空气可以通过缝隙从里到外自由循环，从而使里面的酱饼渐渐发酵。这期间要经常将盖子打开，因为这样有助于促进大酱成熟。而密封好的塑料盒就不一样了，它没有缝隙，无法使空气流通。这也是大酱不再散发出味道的原因。难闻的味道是没有了，制作大酱的方法也简化了，但不论放多久，塑料盒里的酱都无法变成大酱。

也就是说，在 A 眼中一无是处的酱缸，反倒是制作大酱的关键因素。

酒就应该放进酒坛里，而酱就应该放进酱缸里。正所谓各得其所，方能各尽其用。反之，会得到与预料完全不同的结果。塑料盒可以用来保存剩余食物，而且效果非常好，但用于制作大酱就不合适了。

选择金融理财产品时也是如此。

想用投资换取支付房款或结婚的费用，那么就要注意选择金融理财产品的时效性。由于这些都是短期内要用的资金，所以最好选择短期商品。如果是用于子女教育费或养老金储蓄的投资，就要选择投资期限长的商品，因为我们有充裕的时间准备这些费用。如果不这样选择，就会在回扣和流通性方面吃亏。又比如，想要准备养老金，就应该选择专门的年金产品，而不是累积型基金或转换型年金。

年金保险都需要进行长期投资，而且中途解约的话还有赔本的可能。所以，许多投资者都想以零存整取或累计基金的方式投资，等到老了之后还可以将其转换成年金使用。

但是，如果你听了正在领取年金的人们的说法，就会发现截然不同的观点。他们认为，一般情况下，其他的储蓄或基金在中途就会被解约，因为花掉了。只有年金，由于提前解约就会赔本，所以会被留下来。这么说来，能够用来保障老年生活的，就只剩下年金了。最终，解约将会导致赔本这一功能，保证了商品能够处于长期投资状态。

用年金转换型产品来保障老年生活的道理也一样。买年金转换型产品的主要目的并不在于领取年金，因为转换年金只是可做可不做的附加功能，而且领取年金至少要等上 10 至 20 年。虽然刚开始加入的时候，已经做好了今后要将其转换成年金使用的打算，但是在投资过程中，因为要做频繁的投资或保障，人们很难坚持到领取年金的时候。

一些想法都是因只顾研究产品导致的。在研究产品功能的时候，你会觉得大多数产品都可以为老年生活提供保障。而当你研究人的时候，就会发现观点与之前完全不同了。就人的特点来看，往往都是一旦有了钱，就想着该如何去花，而且不喜欢规规矩矩地长时间做同样的事情。要知道，在没有特定目标的前提下，维持长期投资是多么困难的一件事情。相信读者对这一点都深有体会。

与客户谈论有关长期投资的问题后发现，有的客户非常担心商品的寿命或企业的稳定性。其实在很多情况下，在企业和商品出现变化之前，人就已经忍不住要放弃了。

研究人后你就会发现，能为养老做准备的，只有专门的年金产品。专门年金产品本身就能明确地折射出“年金”这一主要目的，所以它能使投资者更加明白年金的概念，从而进行长期投资，实现领取年金的最终目的。

与其为了眼前一时的收益，异想天开地去盲目选择理财产品，不如就像把大酱放进酱缸里那样，先制订好明确的目标，再去选择与目标一致的产品，这才是取得最好结果的真正秘诀。

赌场赢钱秘诀

人生需要娱乐，但是不能将整个人生变成娱乐。

毫无疑问，无论做什么事情，事先制订好目标都是重中之重。但是，当按照目标去做事的时候，难免会有无聊的感觉。无论多么有意思的事情，一旦按部就班地去做了，就会变得枯燥。就以旅游为例吧，虽然事先将旅游的目的、场所、所需的费用等都计划好，然后再进行旅游是非常合理且有助于出行的事情，但这样做似乎失去了旅游的趣味。所以有的时候，毫无计划地只身旅游反而更加有趣。

但是，在这里需要指明的一点是，要将以学习为目的而进行的旅游和以娱乐为目的进行的旅游区分开来。为了娱乐而进行的旅游，目的只是为了开心放松，所以怎样进行都无所谓。但为了学习而进行的旅游就不同了，即使会丧失一定的趣味性，也必须事先做好准备和计划。

玩大转盘赢钱

成年之后,笔者也去过几次赌场。旅游的时候,几乎是天天去,算起来，大概有那么五六次吧。毫无疑问，赌场就是赌博的地方。赌博的特点就是，通常情况下，大多数参与赌博的人都会输钱。

然而，笔者在赌场里混迹的时候，却从来都不曾输过钱。听我这么说，肯定会有人认为我是个大赌徒吧？实际上，我连最简单的扑克都不会打，就更别说是赌博了。我不但不会这东西，而且也不喜欢。这也是我从来不会输的秘诀。

那么，就让我们一起来了解一下，笔者究竟是用什么方法在赌场赢钱的吧。

进入赌场之前，要先定好带进赌场的钱的数额。也就是说，要先确定出今天可以花的钱数。我的定数通常是一百美元左右。这个要根据每个人的具体情况而定。对于出国旅游的人来说，像一百美元这点钱根本算不上什么，所以可以抱着输了也无所谓的心态去做游戏。以前我也见过许多人将信用卡和钱都带了进去，最后输得精光的。所以就带一百美元，多一分、少一分都不带，因为这样做最安全。

走进赌场，在入口处一眼就能看到一种叫做大转盘（Big Wheel）的游戏。由荷官转动转盘，转盘上分了很多小格，格子里有数字。随着外力减弱，转盘会渐渐变慢，最后停止转动。最后转盘停止的那一格里的数字，乘以倍数后，就是压那个格里的数字的人赢得的钱数。转盘上有 1、3、5、10、20、40 等诸多数字。如果停在写着 1 的格里，就能获得是下注金额的 1 倍的钱数。停在写着 10 的格里，就可以获得是下注金额 10 倍的钱数。如果我压在了“10”这个数字上，而转盘却停在了其他数字上，那么，我压在“10”上的全部金额都归荷官所有。通常出现“1”的概率比较高，但这样一来，就算赢了也只能拿回本钱。数字越高，赢的概率就越低，但是一旦赢了就能获得比下注金额高出好几倍的钱。

这是一种极其简单且极其无聊的游戏，所以玩这种游戏的人也没有几个。但是笔者本人却经常玩这个游戏，而且从来没有输过。方法很简单。将注压在“1”上，就算赢了也只是个本金，所以我从不压“1”,我会下一个注（5 美元）在“3”上,然后再分别下注在“10”和“20”上，总共是 3 个注（15 美元）。

荷官开始转动大转盘了，令人紧张的时刻马上就要来了。在转盘转动的过程中，我的视线从未从我压的数字上移开过。转盘转得越来越慢了，最后停在了一个数字上面。

笔者将注下在了 3、10、20 上，所以如果转盘停在 1、5、40 中的某一数字上，那么我就血本无归了，也就是说我要失去 15 美元。但倘若转盘停在了“3”上,我就可以得到 5 美元的 3 倍——15 美元，这样就可以将下了注的本金全都赚回来。

就这样，很长一段时间内，我就像在玩跷跷板游戏一样，一会输、一会赢地在游戏中循环往复。偶尔也会中个“20”的。这时 5 美元就会在瞬间变成 100 美元（5 美元 ×20），这下不仅可以将之前输掉的钱全部赢回来，而且还可以小赚一笔。

就这样不停地玩，直到钱变成起初带来的（100 美元）两倍——200 美元。是的，我一直机械地反复进行这个游戏，直到手里的钱翻倍，仔细想想确实既单调又无聊。

但是为了能真正地过上一把瘾，我必须忍耐。在不停重复这一简单游戏的过程中，不知不觉地钱就变成了 200 美元。手里一旦拿到 200 美元，我就会立即结束这个游戏，正式进入赌场。

只要达到了你的目标金额，就应该马上离开赌场

赌场里既简单又有趣的游戏不胜枚举。只要弄懂几个简单的规则，就很容易进入游戏了。而赌博的真正乐趣，与其说在于研究游戏规则或赢钱，倒不如说在于它可以使人放开嗓门大喊大叫。但是要想尽情地下注，就得有足够的闲钱。如果手里只带了区区几十美元，赌博时就会因老是惦记着本金，而无法痛快下注。这时一旦开始输钱，你就会变得畏首畏尾，最后不是减少下注金额，就是离开牌局。这种情况与投资非常相似。

当收益超过本金时，就算账面有些起伏，心里也会有“反正不是我的钱”的念头做后盾，进而可以毫不在乎地出手。但是一旦危及本金，就算只有 1%的浮动也会让人变得战战兢兢。在没有闲钱的情况下，很难找到乐趣，也很难挣到钱。

但是笔者却通过这个游戏在保住本金的同时，还额外地多赚了 100 美元。因为这 100 美元本就不是自己的，所以即便输了也

不会有什么影响，因此我也可以放开手脚地去玩。输了可以保个本儿，不输不赢可以净赚 100 美元，赢了另当别论。多数情况下，玩着玩着就会输光先前赢来的钱，只剩个本儿。那时我就会回到入口处，重新用 100 美元做赌本，开始重复“Big Wheel”游戏。在这样反复的过程中，净收益有时会超过 200 美元，这又成了一个重要的开始。

有很多人在赌场一赌就是一整夜，但是真正赢了钱的，10 个人里能找出一个来就不错。进入赌场的时候，谁都希望能够赢钱，谁都抱着美好的愿望，游戏中确实也有偶尔赢钱的时候，但为什么走出赌场的时候就会口袋空空呢？这就是贪念在作祟。

当笔者赚到 200 美元的时候，就会头也不回地离开赌场。不管进入赌场后过了 30 分钟，还是 3 个小时，我都会毅然决然地起身离开。贪心地想再多赚点儿的行为其实是徒劳，虽然很过瘾，但这不仅牺牲了你的睡眠时间，还影响第二天的旅游日程。这时自己也会佩服自己能够如此坚决地离开赌场的行为。也许人们会认为，能够在赌场上赢钱的人才算了不起，但是我倒觉得，在赢了钱的时候能即刻结束游戏，洒脱地选择离开的人才更了不起。

说到这里，也许会遭到那些忠实的赌徒的反驳，那样赌多没劲，既然不想玩下去，干吗还要来赌博？是的，其实笔者也认为这样的赌博真的很无聊，做游戏还要讲究那么多的计划、理性，连赌金和游戏规则都事先定好了，赢了点钱就要停止游戏……似乎失去了“玩”的意义。

计划和目标会带来意外的惊喜

计划和目标好像和赌博没有多大关系。因为赌钱本来就是很随机的游戏。但是，如果在赌场都能够有计划、有目标地进行游戏，那么，在结束旅游回家的时候，就能为心爱的家人准备一份丰厚的礼物了。用赢到的200美元为子女准备礼物吧，这样这笔钱才能有意义，才能有价值，才让你没有理由把它丢在赌桌上。

人生也是如此。如果将整个人生都局限在计划里，按部就班地去生活，那么人生就会变得枯燥无味，毫无乐趣可言。只要是人，就会有尽情享受、尽情消费的想法，所以，生活也需要用适当的娱乐消费来调剂。但不管怎么说，娱乐终究只是娱乐，它只是生活中的一部分，它不能代替生活本身。如果因为娱乐而影响了正常的投资和日常生活，玩物丧志，那就得不偿失了。

如果来到这个世上就只是为了玩，而且条件允许你这样做的话，那么没有计划的生活，也不会影响到什么，只是不知道时间长了会不会厌烦。但是，如果真的想在短暂的人生当中取得一番成就、实现一定的目标，就不能毫无目的地活着。

现在，再来看看自己的投资情况吧。我们有必要重新检查一下，自己是不是也像赌博一样，做着毫无计划和目标，赢了就高兴、输了就惊慌的娱乐性投资，是不是在做成败都无所谓的、毫无意义的投资。

点睛

为娱乐投资需要注意的事项：

1. 要利用闲钱去做。

2. 不要超过全部投资金额的10%。

3. 要与目的资金明确区分开。

选择哪一个？
积累基金，还是变额保险？

没有绝对不好的金融理财产品，只有与自己的计划不符的产品。

在股票型投资产品当中，最容易被混淆的就是积累基金和变额保险。对投资者来说，究竟选择哪一个会更好些呢？

答案是：要根据具体情况而定。从人们购买金融理财产品时的计划来看，产品可能是好的，也可能是不尽如人意的，因为这些都是相对的，所以这要根据具体情况而定。

积累基金和变额保险都是将客户所缴纳的大部分钱投资于股票的金融理财产品。但是经过仔细分析后会发现，它们之间存在着巨大的差别。积累基金和变额保险都不需要客户直接对股票进行投资，而是需要他们购买金融理财产品进行间接投资。因此，业务费和报酬等各类回扣，都要由客户自己来承担。也就是说，在收取回扣的方式上，积累基金和变额保险存在的差异很大。通常情况下，大部分积累基金所采取的是“后取回扣”的方式，而变额保险采取的是“先取回扣”的方式。

“后取回扣”的方式和“先取回扣”的方式，它们指的究竟是什么意思？“后取回扣”是一种将累积好的资金按照一定的比例，终身收取回扣的方式。而“先取回扣”是一种在初期的规定期限内收取大笔回扣，等过了规定期限就不能再收取回扣的方式。究竟哪一种方式更好呢？

如果很难判断，就来看看下面的例子吧！

按照计划，做出不同选择

公司职员 K 打算辞职，自己开一家烤香酥鸡连锁店。在选定了几家连锁店之后，分别向它们的总部进行了咨询。在咨询过程中，他发现每家的加盟条件都不一样。这就在无形中为他的选择增加了难度。要想开一家烤香酥鸡店，开始的时候需要很多资金：店面装修费、加盟费、烤香酥鸡的机器费、各种材料费等等。

可是，如果加盟 A 连锁店，创业初期的一切费用都将由总店来承担。如果单纯从开业初期的费用来考虑，这确实是个不错的选择，因为它为加盟商减轻了不少负担。但他们还有另外的条件，那就是在开店期间，加盟店始终要将一定比例的销售额让给总店。这就是说，他们采取了“后取回扣”的方式。

与之相反，如果加盟 B 连锁店，开业初期的全部费用都由加盟商自己来承担。毫无疑问，这将需要一大笔钱。但是只要过了一定的期限，总店就不再收取回扣，同时还会授予分店一定的权利，允许它从总店分离出来并独立。不仅如此，商标也可以继续使用。这就是所谓的“先取回扣”的方式。

究竟哪一种方式更好呢？

乍一看似乎后者更好，但是要知道，有一利就必有一弊。

如果这个烤香酥鸡店不打算长期开下去，只想开个 3 至 4 年甚至更短，那就没有必要花重金承担开业初期的大笔费用以及各种风险。否则，一旦开店初期的费用超过了之后的营业额，那这笔生意就算赔了。所以，如果抱有做短期生意的打算，那就该采取“后取回扣”的方式，与 A 连锁店签订合约。这样一来，就算到时洗手不干，也可以将设备转让给其他人或总店。想必，这是最明智的选择了。

但是，如果打算做 10 年以上的长期生意，且有扩大事业规模的想法，那么，选择像 B 连锁店这种能够尽快结束支付回扣的“先取回扣”的方式，要比选择 A 连锁店“后取回扣”的方式好得多。如果在这种情况下，你选择了 A 连锁店“后取回扣”的方式，那么虽然开始时减轻了很多费用方面的负担，但随着规模的进一步扩大，销售量的不断增加，需要支付的回扣费用也会随之增多，到时很有可能发生入不敷出的情况。

现在，答案应该明确了吧？

打算做 3 至 5 年短期投资的人，选择积累基金比较好；而打算做 10 年以上长期投资的人，选择变额保险比较好。从结果上也不难看出，其实产品本身不分好坏，能否盈利，完全取决于是否符合选择产品的人的计划。

但是，在观察一般人的资产状况时，我经常会看到这样一种现象：资产构成的变化取决于投资者平时最常接触的金融机构，而非投资者本人的计划。

再好的理财产品也要符合自己的投资计划

一般来说，经常光顾证券公司的人，大多都投资积累基金。而经常与保险公司职员见面的人，大多投资于变额保险。如果恰巧理财产品符合自己的投资计划，那只能算作走运。但事实并非全都尽如人意。经常听人抱怨，要求的回扣越来越多了、解约后蒙受损失了……

如果听听社会各界发表的言论，看看媒体的新闻报道，你就会发现，往往昨天还在大肆宣扬某件产品如何如何好的人，第二天就会大声疾呼坚决抵制该产品。人们翻脸的速度比翻书还快，但这其中必有原因。如果在网页搜索栏中敲一下某品牌的产品，进行搜索，会出现许多的网民评论，有说好的，有说不好的，正所谓公说公有理，婆说婆有理。

那么，究竟谁说的话才是正确的呢？

其实，韩国的金融理财产品无一例外都是好的，不过有的金融理财产品不符合某些投资者的人生计划罢了。还没规划好自己的人生计划，就跟着周围的人盲目地进行投资，恰巧与自己的人生计划对上了，他就认为是好的，没对上，他就认为是坏的。这就像患高血压的患者，在听说了含高胆固醇的食品对血压高的患者不好之后，就认定胆固醇是有害物质一样。在选择理财产品的时候，重要的是先规划好自己的人生。要知道机会是为有准备的人而来的。

只有事先制订好了自己的人生计划，才可能选出一个真正适合自己的金融理财产品。要想成功投资，就应在开始的时候制订好投资计划，而不是在投资失败之后去后悔。

假如停水3天，你会怎么办？

有计划地管理消费，是成为富翁的第一步。

姑且不论成功的理财方法和投资方法，因为有些人到现在还过着紧巴巴的日子，没有闲钱，也无暇搞投资。宏观来说与社会相关，微观来说与自身相连。有的人也可能正在做着投资，但因平时一些不必要的开销，在一定程度上影响了投资进度。总之，要想做合理的投资，适当调整消费结构是非常必要的。可现在店里的情况这么困难，怎么节省开支呢？

不用担心，我说的不是节省开支，而是有计划地进行消费。在有计划地对消费进行管理的过程中，我们可以找出增加储蓄的方法。这一方法就是将账户进行区分管理。

请回答下面的问题：

1. 你的工资卡是在哪家银行办理的？

2. 你的现金卡是在哪家银行办理的？

3. 你的信用卡结算账户是在哪家银行开的？

4. 你的储蓄、投资或者保险是由哪家银行负责自动转账的？

对于第一个问题和之后的几个问题，多数人会回答同一家银行。这就说明，平时的支出和储蓄都是在一个账户上完成的。这种结构真的能够产生效率吗？

有一天，从你们小区的管理室里传来了这样的广播声：

“从明天起将停水 3 天，希望每家都能够按照自家的用水量储备用水。”

听到这个广播后家家都会去接水。就像我们平时做的那样，A 主妇把水接在了浴缸里。而 B 女士却把同量的水，根据具体的用途分别接在了盆里：做饭用的水、洗碗用的水、洗漱用的水、打扫房间用的水……两相比较，谁会用得更久呢？

主妇 A 的家庭可能会因初期洗碗、洗澡的用水量过多，而出现缺水的情况。尤其是在最后一天，水不够了，就只得艰难地熬过这天。要不就是初期用水过于节省，到最后因剩水太多，而去随便用水。

主妇 B 的情况就不一样了。因为一开始，她的水就是按照用途分别接好的，所以不会发生严重缺水或剩水的情况。就算到时水不够用了，也可以调用一下其他盆里的水，有条不紊地过完这 3 天。

分别管理开销和储蓄

对存折的管理也是一样。如果用于储蓄的存折和用于开销的存折是同一个，那么很容易把它们弄混，从而弄不清钱究竟是怎么花出去的。这时一不小心就会让消费、储蓄都变得毫无计划。等到月末，即使剩了钱也会用在没有计划的消费中，而不是储蓄。就是这种毫无计划的盲目消费加大了不必要的开销。仔细想想，其实这种现象挺恐怖的。

想要用一张存折解决所有的账户是不合理的，至少要将工资存储、现金卡、信用卡、公积金、保险等分开管理。应该像B主妇存水那样，先将资金按照具体用途区分开，再存入不同的存折里，这样做既万无一失，又可以节省开支。但存折也不宜过多，凡事物极必反，太多了就不容易进行管理了，这可能会使你的生活变得更加没有计划。

最好的方法是将存折分成两种，一种是消费账户，另一种是储蓄账户。所谓消费账户就是用做现金卡、信用卡等生活费用的账户。储蓄账户就是用于像公积金、基金、保险等固定储蓄的账户。

类别分好了，并不代表万事大吉了，我们还要学会操作账户。下面就教你如何对其灵活运用。

领完工资，不要只顾着高兴，要先去银行将钱存入储蓄账户，再将每个月需要花费的固定钱数按照事先的计划进行转账。也就是说，现金卡、信用卡以及各项生活费用的开销都可以从转账后的款项里提取。这样就省下了分类存款的步骤。

刚开始可能会觉得有点别扭，做起来不那么得心应手，但等你习惯之后就会发现它的好处。它会让消费变得稳定。那些经常为消费支出不稳定而苦恼，不知该如何进行调整的人，如果用这一方法锻炼一段时间，就能使消费变得稳定起来，而且还能增加储蓄。除此之外，这样做还有很多好处，比如，帮助我们正确地把握自己的消费水平，更加轻松地为存折里的钱设计一份存款计划，以便增加存款。

如果真的要进行调整，就再也没有比记账更好的方法了。如果现在的你保持着每天都记账的习惯，那就请继续下去吧，这可是个不错的习惯。但是对多数家庭来说，记账并不是件容易的事情。偶尔记上一两次还可以，但要长期坚持就没那么容易了。习惯虽好，但并非是唯一的方法。不喜欢记账的人也无需着急。其实根本就没有必要把时间浪费在无法实现的事情上。

只要你拥有一个可以将存折分成储蓄账户和消费账户的机制，就可以有计划地进行消费和储蓄了。而且，这不仅可以提高投资收益，还可以成为你走向致富之路的起点。

致富机制

谁都知道，只要改变想法就可以改变人生。可问题是，想法不是那么容易改变的。

到目前为止，我们一直在说制订计划的重要性。大家都知道制订计划非常重要，但是制订完计划之后，坚持不懈地去执行更加重要。否则，无论制订的计划多么好，都会随着“三分钟热情”变成废品，过不了多久计划就会被忘掉。

从小到大，我们听过很多成功人士的故事，在他们的故事中，我们能看到他们都有一套具体的计划和自我管理的技巧，同时具有朝着目标奋进的精神。所以当我们制订好计划的时候，想要实现它就必须不懈努力、不断坚持。正因为成功来自于坚持，所以很多人因坚持不下去而无法实现它。

有这样一句话：“如果改变了想法，就能改变行为；改变了行为，就能改变习惯；改变了习惯，就能改变整个人生。”这句耳熟能详的话蕴含着最易懂的道理，想必大家都知道。但令我不解的是，改变想法的人常常有，然而改变行为的却很少，改变人生的就更是寥寥无几了。虽然每天不止一次地发誓一定要戒烟、减少开支、有计划地生活，但很少有人能真正做到。这究竟是为什么呢？

使想法成为一种习惯

倘若你是个经常改变想法的人，那么请你赶快改掉这个习惯。因为想法改变之后，是需要付出行动并长期坚持下去的。不能坚持的话，不管你换多少种想法，终将遗忘，最后只能重新回到过去的那种生活方式中。想改变人生就要先改变习惯，想改变习惯就要先改变行为，而要想改变行为，就应该先改变自己的想法。但是，改变想法这一环节，往往没有我们想象的那么容易。那么，为了革新我们的思想，是不是应该做点什么呢？下面就教你几个有助于改变想法的方法吧！

其中一个方法就是，将自己的想法以文字的形式记录下来，然后再将自己记录下来的文字贴到能够随时看到的地方。这样一来，每当看见它的时候，就能对自己的想法和决心进行重复确认了，从而使新想法长久地维持下去。这就是一种机制，也是一种智慧。想象中无法改变的事情，一旦有了机制，就能使其改变，尤其是你的想法。改变人生也会从这里开始。

那么，致富机制究竟都有哪几种呢？

将投资目标以文字的形式记录下来，从理财的角度看，也算是一种富有成效的机制。把“2011年为自己购一套房”、“10年内创造10亿”、“每月300万的养老金”等目标记到自己经常可以看到的地方，时时提醒鼓励自己，你的目标就一定能实现。怎么样？这种方法不错吧！

还有一种方法，对改变想法也非常有效。那就是购买金融理财产品时，在存折的第一页写出明确的投资目的。例如，如果想准备出5年后子女上大学的费用，就在存款账户的第一页写上“××大学学费”。

大部分金融理财产品的名称都是在商品性能被理想化了的基础上取得的。例如，“多多储蓄”、“幸福存款”、“绩优蓝筹股基金”、“人寿保险”等。不要被这些悦耳的名称所诱惑，因为这些名称对投资者来说根本没有太大的意义。与其细心包装，还不如将名称改为“明年欧洲旅行存款”、“5年后扩建房屋基金”、“老幺留学资金保险”，我想这样会更好一些。因为，更改后的名称明确地表明了目的，可以让投资者一目了然，并进行选择。即使投资者想中途放弃或将钱用于其他地方，也是可以的。最终，这种机制将会持续下去。

从这种机制上来讲，间接投资要比直接投资更具实效。也就是说，与其自己亲自选择项目、预测时机、毫无规律地盲目投资，不如花些手续费选择一种有专家代理投资的基金商品。一般情况下，基金的投资对象、起点、投资方法都是按照规定的方式运转的，很少介入人的感情。而且，这种机制本身就具有很高的效率。

但是有些投资者为了节省间接投资所需的手续费，会选择直接投资的方式。单纯地从节省费用的角度考虑，这是个不错的选择。而且，在投资初期的一段时间内或投资数额小的时候，或许还能取得一定的成果。

但是随着时间的流逝，金额会越来越多，情绪也会变得越来越不稳定。这时，原有的机制就会倒塌，到时再想取得好的成果可就没那么容易了。对于那些以股票投资为职业的人来说，情况可能还会好一些。但是，对于那些只将它当做“副业”的普通投资者来说，就很难找到比间接投资机制更稳定、更有规则的投资方式了。

另外，将投资的内容告知他人也是一种很好的机制，尤其是与家人一起分享。一提到家人，大多数人都会想起父母或爱人，殊不知，幼子虽小，也是家人。所以说，和孩子一起分享投资事项，也会帮助你取得很好的成果。大多数的投资者之所以投资，并非是为了实现个人目标，更多的是为了实现像购房、教育子女、养老等和家人的未来相关联的目标。所以，在和家人一同了解目标、展望家庭远景的同时，投资者自身也会受到很大的鼓舞，而这将成为有利于你做长久投资、拓展机制的可靠方案。团体的力量永远大于个人力量，在脚跟不稳的时候，就要找一个坚实的后盾。

点 睛

成功的投资机制

1. 明确了目标之后，将它贴在可以经常看到的地方。

2. 充分运用金融机构的间接投资机制。

3. 和家人一同分享投资目标及进展情况。

四大必备目的资金

人在世上生活，有些费用是必不可少的。

“你欠债了吗？”

在大韩民国的国民中，有几个人从未欠过债呢？房贷、信贷、租赁贷款、信用卡还款、卡式贷款、高利贷、向家人借钱，等等。在我的印象中几乎没有没欠过债的人。上述债务都是真真切切摆在桌面上的、能看得见的。然而除此之外,还有一个你不曾发现的债务。

听了这句话，大多数人不免心里一惊。

“不会吧！眼前的债都快承受不起了，怎么还有？”

“我好像没犯什么事啊？”

这个你从来不曾发现的债务正是“人生之债”。你不曾看见它，它却时时存在，并紧紧跟随着你。

“人生之债”是指，人活在这个世上必须支出的所有费用。例如，结婚时需要花的婚礼费用，维持基本生活所必需的购房资金，从孩子出生的那一刻起必须承担的子女养育费以及教育资金，另外，人不可能一辈子都在工作，所以还要准备养老金，等等。这些都是人迟早要偿还的债务。

由于有些“人生债务”你现在还不需要承担，所以就没把它当成债务，但是要知道，在不久的将来，我们必然会花掉这些钱。时间一天天地过去了，偿还的日期也越来越近了。有没有一点负重感呢？这可是不得不还的债。其实，细想一下，这和贷款没有什么区别。但是，人生之债毕竟是与你不可分割的，所以它与一般的金融机构债务还是有区别的。

必须要偿还的人生之债

银行的债务可以根据个人的财务状况，每月按固定的数额偿还，也可以在有钱的时候一次性还清。实在不行，还可以继续贷款，延长偿还期限。

但是人生之债就不一样了。生命只有那么长，所以“人生之债”不会为你延长还款期限，不论个人的财务状况是好是坏、钱是多是少，只要到了一定的时期就必须偿还。即使你现在离还债的时间还很远，也不要得意，倘若在偿还时间到来之前，你一直在那里毫无准备地坐以待毙，那么终有一天会遭遇难关。

回想过去那些因为钱不够或是没有钱而历尽艰辛的日子，还有那些该花的都花完了，不知如何用剩下的钱投资的苦恼日子，这种状况都是由缺钱的时期和有钱的时期不同步造成的。如果能把充裕的时候省下的钱，留到缺钱花的时候，那么一辈子不就都能幸福地生活了吗?

所以说，人生之债，需要在它真正到来之前进行预测、计划并做好彻底的准备。

人活在这个世上必将支出的资金，即人生之债有许多种。其中，适用于所有人，而且资金数额较大的项目，总结起来一共有四种：结婚资金、购房资金、子女教育资金、养老金。这就是所谓的人生四大目的资金。

一般来说，财务设计和投资的主要目的，与人生这四大目的资金息息相关。就是在我们做人生计划的时候，也要先考虑到这四大目的资金。当然，我们每天的生活费、购买各种电器的费用、用于过年过节的费用……都是人生无法避免的开销，也是一种人生之债。但这种人生之债不一定要花大手笔去偿还。倘若你为了满足一时之需，将钱花在了这些债务上，那么就无法为自己的人生制订长期计划了。不仅如此，当公司面临非常时期、需要大笔资金的时候，就会变得束手无策，从而使得财务账上出现赤字。这些现实都是非常客观的，拆东墙补西墙，不为将来留有余地，会让你陷入更艰难的拮据状态，人生从此也将面临不幸。

小的人生之债姑且放下不提，然而人生的四大目的资金，是一定要趁早进行规划、预算并认真进行准备的。像那种有时钱多得不知该如何处置，而在急需用钱的时候又拿不出来的财务状况，是无法为你带来幸福的。

除此之外，我们还要明确一个观点：钱多不一定会幸福。真正幸福的人生，是在有需要的时候，能够拿出足够满足这种需要的财富的人生。

行动指南

按照明确的计划，有条不紊地进行投资的崔幸福科长——

崔幸福科长和他的爱人是一对上班族。他今年已经38岁了，有两个儿子，一个8岁，一个刚满5岁，生活还算幸福。然而，他总是想着改变眼前这种毫无计划的生活方式和盲目投资的状态。于是他决心重新为自己的人生制订一份明确的计划。他拿来了所有的存折，通过财务咨询，最终确立了新的人生计划。他决定采用符合人生计划的分散投资方式。

首先，他制订了财务目标。在此过程中，身为一家之主的他，和其他人一样，最先考虑到的是子女的教育经费、夫妻俩的养老费和住房贷款，然后根据主次顺序对其进行了排队。他认为其中最重要的是子女上大学的费用，其次是还住房贷款，最后是养老费。虽然他也认为养老费很重要，但是在与教育费、住房贷款比较之后，还是将它放到了最后。

子女的教育经费预算，他是按每人5000万元计算的，并在其中抽出2000万存款作为评分款项，分别用1000万为老大和老二购买了成长型基金。剩下的4000万，他又以老大的名义，准备每月购买一次28万元的长期投资产品——变额保险。当然，以老二的名义每月也购买一次22万元的变额保险。

住房贷款，他选择了等额本息还款的方式，并做了为期10年的按揭贷款计划。为了偿还购房信用贷款，他打算每个月用50万分散投资积累基金，然后等到有钱的时候一次性偿还。

进行了这样的分配之后，他初步估算了一下投入总额，每个月大概需要190万元的投资金额。在经过了对流动资金的分析之后，发现每个月能省出的投资资金就只有50多万元。

按照当前的经济水平，如果老年每个月需要200万元左右维持生活的话，那么从现在起每个月就要准备出150多万元。可是按照目前家里的经济状况，根本无法实现这一点。经过一番考虑之后，崔科长决定先做最低限额的养老金储备，等到还清贷款之后，再集中进行养老金的储备。于是，崔科长以夫妇二人的名义，每个月分别用30万购买了养老年金。

由于崔科长平时用于直接投资的金额——1500万在整个投资金额中所占比例不大，所以还是可以当做一项娱乐，于是他打算继续维持这一投资。另外，他将应对紧急状况的备用资金放在了计划的首位。

顺序	财务目标	所需金额	投资期限	储蓄额	执行方案	备注
1	备用资金	600万元	—	600万	CMA	
2	老大的教育资金	4000万元 1000万元	12年	每月28万元 1000万元	VUL 指数型基金	以老大的名义购买
3	老二的教育资金	4000万元 1000万元	15年	每月22万元 1000万元	VUL 指数型基金	以老二的名义购买
4	住房贷款偿还	8000万元	10年	每月90万元	长期贷款	等额本息
5	信用贷款偿还	3000万元	5年	每月50万元	累计基金	分散基金
6	本人养老金	每月100万元	22年	每月30万元	变额年金	今后增加金额
7	爱人养老金	每月100万元	22年	每月30万元	变额年金	今后增加金额
8	娱乐资金	1500万元	—	—	直接投资	—

第二章　分散

致富法则二

选择了一个看似可以成功的项目，然后全力以赴地去执行。目前看来状况良好，似乎真的可以成功。殊不知，其实这其中蕴含的失败率可能更高。根据计划和目标适当地对投资进行区分，即进行分散投资，可以使你获得更大的收益，也会为你创造更加美好的未来。分散投资的方式，现在看起来也许不太理想，但是最终它会为你带来更多的幸福和财富。

投资有风险？

人们都知道，投资需要承担一定的风险，但是人们似乎从未发现，其实更大的风险在于人本身。

有了明确的目标之后，接下来该做些什么呢？

——执行计划，即开始投资。每当人们面临投资的时候，首先考虑到的问题是“会不会有风险？”谁都不能否认，想要获得高于银行利息的收益，就要投资股票或者基金。然而，人们却总是免不了担心亏损，从而对投资举棋不定。当你研究人的时候就会发现，其实人的情感波动要比股票和基金的风险大好几倍。本来就担心亏损，一旦遇到投资浮动就会变得紧张兮兮，畏首畏尾，甚至放弃。

人是有感情的动物，人不是机器。所以人不会像机器那样，按照事先规定好的原则和规矩按部就班地去做事。他会在不同的场合表露出不同的情感和心意。有时这种情感会使人类的生活变得更加美丽和富于情趣，因为人类是高智商的动物，所以能够设想出很多美好的东西。但要知道，祸患总是以虚伪的姿态隐藏在美好的背后。也就是说，利用情感是要分事情、分情况的。对于明确区分出收益和亏损的投资来说，依赖情感行事未必是件好事。

因情感失败

证券市场的浮动变化以日甚至以秒为单位来计算。由于价格上下起伏不定，所以人们常常会因股价下跌而亏损，当然有时也会因股价上涨而获得收益。整个证券市场在一天之内上下浮动的几率是 1% ～ 2%。除一些特殊股票外，股票上下浮动 2% ～ 3% 是正常现象。但是，人们往往会在这个时候动摇，看到情势不妙，就会感情用事，忽略原则和理智的判断，不清楚是应继续投资还是及时停止。当市场的浮动维持在 1% ～ 2%的时候，对投资者来说投资额的变动却是 100%。

当然，如果投资金额不多，情绪方面的波动可能会小一些。而且也不会因为赚了或者赔了，就急着去改变整个决策。但是一旦投资额度变大后，情绪上的波动就会跟着股市行情的沉浮变得越来越激烈，只要有一点波动就会心惊胆战，产生抛出的想法，甚至有的人一看到波动就会变得焦躁不安，立即停止投资。凭情感判断客观事物，只能导致频繁的抛售或买进，这样一来不仅加大了额外的交易费用，也无法获得更大的长期收益。

即便如此，还是有许多投资者妄想从市场中找出失败的原因，比如项目选错了，没有把握好时机，等等。分析来分析去，实际上最主要的原因并非他物，而是自己，可人们却总是意识不到这一点，失败的真正原因其实就是太过感情用事。

翻船的原因

当船停泊在岸边或港口的时候，不会受到风浪的袭击，所以不会摇晃，更不会发生危险。

但是一旦船驶出了港口，航行在茫茫大海中，危险就随时可能出现了。它会随着海浪来回晃动，如果遇到大风大浪，晃动形成一定的角度（约 30 度）就会出现翻船的情况。但是要知道，翻船的真正原因并不是海浪。

翻船意味着船只倾覆，可是什么样的风浪具有让大船翻转 180 度的力量呢？何况，排水量再小的客轮也要有几千吨重。实际上，海浪给船只带来的最大影响，就是让它摇晃。当船晃动到一定程度的时候，就会因重心的变化而彻底倾覆。如前所述，海浪只能让它转动 30 度，而剩下 150 度的翻动是船本身引起的。海浪很危险，但是更大的问题却隐藏在船只本身。

想砍倒一棵大树，用不着非要将它一直拽倒在地面上。只要将树的底部砍掉一部分使树倾斜，它自己就会自然而然地倒下去。虽然砍树的是砍柴工，但是真正使大树倒下去的却是大树本身。

投资市场也是一样。表面上人们害怕的风险似乎来自市场，但实际上，真正的风险来自于人的内心。要想投资成功，首先要做的不是考虑如何减少市场的风险、市场的波动，而是找到一个能够减小人们情绪波动的投资方法。

抢球型投资方法，进球型投资方法

足球比赛中抢到球不能意味着什么，进球才能算胜利。

世上有很多投资对象，比如股票、房产、债权等等，也有很多投资理论和投资方法。但是在如此之多的投资对象和投资方法中，究竟哪个最好，谁也不能确定。有时房地产形势一片大好，有时股票行情一片飘红，投资对象随时都在变化。有的时候觉得这个方法很理想，但过不了多久就会发现，其他方法更具有效率。也许别人采用的某个特定方法使他赚到了钱，但是并不能因此断言，其他人采用同样的方法也一定能赚到钱。

那么，究竟哪一种投资方法可以让我变成富翁呢？要想找到这个答案实在有些困难，想找到一个能够痛快给出答案的人就更不容易了。

听听这个人的话，觉得挺有道理；再听听那个人的话，也觉得挺像那么回事儿。满怀期望去询问专家，开始时觉得专家是在传授专业知识，结果发现其实他是在宣传自己的理财产品。见此情形，参透其中道理后，也只好匆匆作罢。试了那么多方法都没有什么效用，看来想客观地选出一个正确的投资方法简直比登天还难了。

照这么说，业余搞投资的普通人，就只有跟着那些专家和有钱人凑热闹的份儿了吗？那么，有没有一种能让普通人获得财富的方法呢？

事实给了我们答案：即使我不是理财方面的专家或高手，即使我不能整天学习理财方面的知识，同样也可以成为富翁。因为有一条让我们在专心做自己的事情的同时，还能获得成功的投资秘诀。

职业足球和业余足球

自从韩国进入2002年世界杯四强之后，只要是韩国人，无论是谁，都越来越关注足球了。虽然不是自己亲自上场，但只要看到比赛就热血沸腾。大部分运动项目都分职业竞技和业余竞技，足球比赛也一样。在职业选手踢的职业足球和一般人踢的业余足球之间，存在着一种非常有趣的差异。

职业足球选手的位置有明确的规定，前锋、后卫、中场、守门员……每个位置各司其职，有着明确的活动范围。

那么业余足球是怎么样的呢？在开始比赛的时候，他们也会象征性地分为前锋、中场、后卫等，但是比赛正式打响后就全乱了套，别说明确的位置了，就连双方选手都很难分清。严重的时候，还会出现除守门员外，其余 20 人都跟着球跑的现象。

还以为这样蜂拥而上，抢到球就能够获胜呢，但是结果并非如此。球是抢到了，但是却没有一个正确射门的人。倘若一不小心丢了球，就会因为缺少防守而丢分。

看上去这似乎有些不公平，但职业足球毕竟是用来赚钱的工作，而业余足球只是用来开心的娱乐活动。

在绿茵场上，每个职业球员的位置都是固定的。而且在任何情况下，每个队员都具有跑位和站位意识。乍一看，用这种方式进行比赛，似乎不容易抢到球，但是通过团队配合，球员最终还是会把球抢断下来的。而抢断球并不意味着什么，只有进球才算赢。每个选手都要根据自己的位置分散开，守住自己的位置，发挥各自的职能，这才是进球的秘诀。

这个道理也同样适用于投资。选择了一个看似可以成功的项目，然后全力以赴去努力，这看起来还不错，似乎也能获得成功。殊不知，这其中隐藏的失败概率更高。因此，根据计划和目标，应适当分散投资，这样你可以获得更大的收益，也会为你创造更加美好的未来。

漫长的人生，重要的不是眼前这点蝇头小利。只有在确实保障能够安享晚年的时候，你才拥有了幸福的人生。

虽然短期不能带来很多利益，但最终能为你带来更多幸福和财富的方法就是“分散投资”。这也是通向致富之路的第二个法则。

集中投资与分散投资，投机和投资的区别

如果是小型建筑，越结实越好；但如果是大型建筑，过于结实就会有被折断的危险。

“切！什么分散投资，人家集中投资可没少挣钱！”

都说了分散投资才能赚到钱，有些人就是不信。“什么话！把钱全部用来投资房地产，5 年内成为富翁的早就遍地都是了！”

“去年，把钱全部投资到中国去了，收益一下子提高了 50%，还用得着分散投资？”

人们举出这样的例子，就是为了说明集中投资比分散投资更有效果。然而，事实真的是这样吗？

1分计100韩元的花牌（Go-Stop，韩国经典棋牌游戏）和1分计1万韩元的花牌

逢年过节，很多人都会围坐在一起，打打花牌。不为赢钱，只为大家能够坐在一起乐和乐和。人们通常只玩1分计100韩元左右的游戏，因为这样心里就不会有负担。就算兜里只有一两万韩元也可以参加游戏。一个晚上把这一两万韩元都输光了，也没什么大不了的。于是，大家就可以毫无顾虑地充分享受游戏带来的乐趣。

心里没有了负担，大家就能尽情享乐了。无论手里的牌是好是坏，都能毫不犹豫地说出继续进行。不要以为牌局上只有输钱的时候，赢钱的时候也是常常有的，有时一下子就能赢上一万多韩元。因为赌注不大，所以可以不在乎输赢。说不定，这种轻松的状态还能给你带来成倍的收益。

但是，如果不是1分计100韩元而是1分计1万韩元，那又会是什么样子呢？还会像1分计100韩元时那样轻松获得吗？还能获得成倍的收益吗？

别说收益了，就连玩不玩可能都很难做出决定。如果玩了，一不小心就会输掉好几十万韩元，这时候你还能像玩1分计100韩元时那样毫无顾虑地叫牌吗？我想不会，一旦神经紧绷起来，即使手里来了好牌，也没有勇气自信地喊出“继续进行”了。因为瞎叫牌，就会失去更多钱。与赌注小的时候不同，赌注一加大，

人表现出来的行为就和从前不一样了。一输钱，人就会焦躁，这时脑子里想的不是怎么把钱赢回来，而是怎样才能结束这一局。这样一来，也就失去了翻盘的机会和可能性。

在 1 分计 100 韩元的游戏中赢了 1 万韩元，并不意味着在 1 分计 1 万韩元的游戏中也可以赢 100 万韩元。

不要仅凭两三年的投资经验或者小额投资经验，就自认为自己掌握了可以大规模投资的法则。更何况，在过去两三年的投资市场中，无论是谁，用什么方法，都很容易获得收益。这就是当时的经济状态。但不能与时俱进，还用过去的目光衡量现在，显然是不正确的。而且，仅凭这点短期内积累的、至今还比较浅显的经验，去论投资方法，本身就是很荒唐的事情。我们一定要铭记一个事实：虽然我用这个方法成功过，但是假如当时的市场状况是另一种样子，或者投资的金额再大一点，也可能会导致失败。

如果相信短期投资可以赚到钱，而且照这个方法一直投资下去，结果会是什么样?

从1分计100韩元逐渐发展的话……

让我们重新回顾一下之前的情况。

如果一开始就玩 1 分计 1 万韩元的花牌，可能有很多人都不会愿意去玩。相反，1 分计 100 韩元的游戏就很容易被人们接受。

即使输了，也不会损失多少钱，所以可以不假思索地大声叫牌。在这种玩法下，一旦赢了钱，手脚就会渐渐变得大方起来。

逐渐地，赌注也会变得越来越大。1分计500韩元、1分计1000韩元、1分计5000韩元……随着赌注的增加，胆子也会变得越来越大。

到了这个时候，人们就很容易产生“如今已经赚了，反正输也不是我的钱”的想法，所以在玩的时候，就可以轻松地喊“继续”。倘若一开始就确定要玩1分计1万韩元的花牌，想必很多人在参与之前就已经双手发抖了。而今的状况却完全改变了，因为有了之前的想法和胆量，所以人们可以坦然地玩1分计1万韩元的花牌。

此局面一出，问题也随之出现了。赌博的后果众所周知，一旦有了上面的想法，你就离地狱越来越近了。

鸡蛋全放在同一个篮筐也是种赌博

如果一开始投1亿，那么人们就会为了进行风险管理，而去找分散投资的方法。但是在用小钱换大钱的情况下，是很难摆脱进行小额投资时所养成的习惯的。也就是说，最初用5百万资金集中投资的人，当资金变成5千万、5亿的时候，他还是会用同样的方法进行投资。

到了这个时候，能够及时地停止投资，收回投资成本，撤出市场的就算幸运的了。但是通常大多数投资者是不会轻易停止投资的，不，应该是绝对不会停止投资。这种情况下，他们不会有赔本的顾虑，相反，他们会觉得这本来就不是自己的钱，赔了也无妨，所以会不停地扩大投资。

从此，先前的投资就变成了投机。

投资和投机的区别是，投资，到了适当的时候可以全身而退，而投机却不能。这就像是去赛马场观看赛马一样，赢钱也好，输钱也好，只要比赛一结束就会迅速起身离开。因为那就是一种爱好、一种休闲。这就是投资。但是在起身离开的同时，将下一周的赛马内情简报也一起买回家，那就是投机行为了，是赌博。

有些人为了向别人炫耀，夸赞自己在过去的5年内，把钱全部用来投资房地产并大赚了一笔，并声称自己的投资方法是最好的。可是如今还有几个人能利用房地产赚到钱呢？那个人是否已经离开了地产界？是否已经用赚来的钱规划幸福人生了呢？

如果现在的你还在投资房地产，还固执地认为价格会上涨，那么你做的就不是投资了，而是赌博。

赌博的后果是众所周知的。

“等哪天赔光了，他也就清醒过来了。”

在那天到来之前，无论对这种人说什么都是白费心机。

最近为了在地震中减少损失，人们为建筑物做了抗震设计。如果是低层建筑，抗震设计主要考虑的是“怎样建得尽量结实”，因为只有结实才会在地震发生时牢固不动。

但是，如果是建三四十层以上的高层建筑，那么只注重结实，又会怎样呢？

不难想象，一旦遇到强震，建筑就会被一下子折断。因此，对于高层建筑来说，耐震设计主要考虑的是“虽然有些晃动，但是能够将吸收进去的震波分散开”。建筑越高，越要注重分散冲击的设计。

如果打算一辈子只用 1 千万去做投资，那就用不着分散了。但是如果希望能够提高投资的收益，而且真的想成为一个富翁，那么从一开始就要养成分散投资的习惯。

能够使人摆脱贪念和恐惧，能够让人通过投资，而不是投机成为幸福的富翁，最好的投资方法就是分散投资。

不要怀疑。No Exceptions! 没有例外。

点　睛

投资和投机的区别是：投资，到了适当的时候可以全身而退，而投机却不能。

比基金专家更会赚钱的方法

再厉害的基金专家也无法在市场中常胜不败。

“稳定的收益和突如其来的暴利，你更喜欢哪一个？”

面对这个问题，肯定会有很多人异口同声地回答更喜欢暴利。只要是人，就不会嫌钱多。这是人的本性，没什么好解释的。还是让我们回归到正题上。那么，分散投资是为了获得稳定收益的呢，还是为了获得暴利的？

一般的分散投资者认为，通过分散投资确实可以获得一定的收益，但很难获得暴利。就连推荐分散投资的专家也说，分散投资是一种能够减轻风险的投资方法，但它不会带来很大的收益。真的是这样吗？

其实不然。仔细分析一下分散投资的实际案例就会发现，实际上分散投资的结果真的不可小觑。分散投资不仅能给人带来稳定、持续的收入，还可以让你比有经验的投资专家赚得更多。那么现在就让我们来确认一下吧。

美国的证券市场具有150年的悠久历史。在美国的证券市场中，经常会听到这个词——道琼斯工业指数，这是将代表美国工业的企业股价进行平均后，算出来的数值。从1896年的12个企业到现在的30多个，这个数值就是以它们为对象算出来的。如今它已经被视为美国证券市场的晴雨表之一了。

1896年开始，计算道琼斯指数的时候，能够入选代表当时美国工业项目的，肯定都是一等一的优秀企业。那么，在一百多年后的今天——2008年，在这12家企业中，得以从美国证券市场存活下来的，究竟还剩下几家呢？

答案是，只有一家——通用电气公司（GE）。其他企业的股票早就全部变成了废纸，从证券市场里消失了。通过这一事实，我们可以得到一个重要的启示。

不要以为投资专家就是投资市场上的神仙。试想，1896年，肯定有一大批投资专家参与了编入道琼斯指数的企业的选拔活动，然而在所有的入选企业中只有一家存活到了现在。也就是说，当时除了选择GE的专家以外，其余投资专家都是失败者。然而一百多年过去了，成功的和失败的投资专家都已经安息在九泉之下了，剩下的只有他们的丰功伟绩和成败故事，选择GE的专家也不例外。

但是，当时的道琼斯指数只有100点左右。正如前面所提到的，道琼斯指数不是根据一家企业的股价得出的，而是将12家企业的股价进行计算后，取平均值得来的。

然后在过了一百多年后，道琼斯指数已经上升到了13000点左右。也就是说，当时为选择入编企业苦恼过的投资者，除了选择 GE 的以外，如今已经全都破产了。而当时没有经历过专家的苦恼，分散投资于道琼斯指数的人，如今收益足足提高了 12900%。

就算不以道琼斯指数为例，投资市场也早有事实证明了分散投资的好处。证券市场上有许多基金专家，也有许多基金。据说在这些基金当中，过了一年后股指还能保持上涨的基金占全体基金总数的 30%左右，而过了两年后仍然能够保持股指上涨的基金会减少 10%，三年后还能够继续保持股指上涨的基金就只剩 1%了。

股指是将上市股的价格进行平均后得出的分散最为合理的数值。所以说，投资者要从众多的基金当中，选出一个最好的基金，进行为期三年的投资，就好比是在玩 1/100 的概率游戏。相反，那些不懂专业知识，放心进行分散投资的人，过了三年之后，即使是在那些进展顺利的基金专家的队伍中，也能名列前茅。

这就是分散投资的威力。分散投资不单单是为了规避风险、获得稳定的收入。只要分散合理,时间越长,它带来的收益就越多,甚至能创造出连专家都难以创造的巨大收益。

忍耐的果实是甜美的

前几年的股市一直在持续上升。综合股价指数从 1000 点上升到了 2000 点，仅股价指数这一项就上涨了 100%，年平均增长率已达30%以上。但是出乎意料的是，获得30%年平均收益的人并不多。其实，即便当初只分散投资于股价指数，现在也能坐享30%的收益。但是如今却没有几个人获益,这究竟又是为什么呢?

是因为缺少耐心。赚了点钱就急着退出，一听中国前景好就去了趟中国，又听越南发展不错又跑了趟越南……渐渐地，损失变得比收益多。

既然决定了分散投资，就不要被周围的状况所动摇，要坚持到最后，就算别人的收益看起来更大，就算不能马上获得大收益，就算觉得没意思，也一定要坚持等到最后。实际上，失败是因为中途放弃。只要坚决遵守分散投资的原则并坚持到底，是绝对不会失败的。

点　睛

分散投资不单单是为了规避风险、获得稳定的收益。只要分散合理，时间越长，它给你带来的收益就越多，甚至能创造出连专家都难以创造的巨大收益。

分散投资第一阶段

盈利性资产投资

仅靠稳定的存款很难成为幸福的富翁。

那么，究竟如何进行分散投资才好呢?

分散投资的第一阶段应从区分稳定资产和收益性资产开始。收益性资产是一种高收益与高风险并存的资产。

投资经验多的人肯定会将一部分资产用做收益性资产。而投资经验不足的新手，资产构成仍然以稳定的存款形式为主。这样一来，对他们而言，进行分散投资就困难了。所以，现在需要一个将稳定资产转变成收益性资产的过程。

当然，如果依靠稳定的存款也可以成为幸福的富翁，那就用不着进行分散投资了。但是，像如今这样的低息时代，很少有投资者能靠稳定的低息商品维持收益了。

1亿养老金，已经是过去的说法了

“只要有 1 亿韩元，养老就不成问题。”

直到 1990 年初，还能经常听到这样的说法。在那个年代里，真的只要有 1 亿就能安度晚年了。这是为什么呢？只要将 1 亿存入银行，一年就可以获得 12%以上的利息，这样每个月获得的利息就能超过 1 百万元。而且，用这 1 百万元过一个月是不会有问题的。

但是在利息急剧下降的今天，要想每个月获得 1 百万的利息，至少要在银行存入两亿元。而且，就算每个月能获得 1 百万的利息，这点钱也不够维持一个月的生活。据说，城市地区每家的最低生活费是每个月两百万左右。所以，就现在而言，如果要想保持 1990 年初的生活水平，就需要在账户中存进相当于过去五六倍的钱。

在过去的十多年中，仅仅依赖稳定存款获得收益，且没能将资产扩大成本金五六倍的隐退者，如今大多都过着比从前艰难的生活。

如果承认了这一点，那么就会觉得“无论如何都要摆脱以稳定资产为主的资产结构，将资产用于分散投资”越来越有必要了。但是，在经验和知识还不足的情况下，要想将稳定资产转变为存在风险的收益性资产，实在不是件容易的事情。

坐汽车还是坐飞机

汽车和飞机，哪一个更危险？

面对这样的提问，大多数的人都会说，坐飞机要比坐汽车危险多了。毕竟一个在天上，一个在地上，人本来就是生活在地上的，所以坐地上跑的东西会更有安全感。甚至有些人一想起飞机要穿云破雾，就会毛骨悚然。因为寻找安全感的心理一直作怪，所以很少有人担心汽车会发生危险，所以有不少人一坐飞机就害怕发生事故。可能这与飞机事故的屡屡发生也有关系吧，那种脱离安全的感觉常常让人焦虑不安。

这样看来，难道坐飞机真的比坐汽车更危险吗？

其实不然，答案正好与人们的想法相反。仔细分析一下交通工具发生事故的几率就会发现，事实上真正危险的不是在天上飞的，而是在地上跑的。在人们的脑海中一直有个这样的观念：汽车是最安全的交通工具。殊不知它的危险性高得无法形容。也就是说，人们一直认为最安全的，或许就是最危险的。

即便如此，还是会有人觉得坐飞机更危险。因为飞机一旦出了事故，人们基本上就没有生还的机会了。可是，我们不能以点盖面，不能因为这种莫须有的恐惧，明明知道飞机发生事故的概率最低、最安全也不去坐飞机。倘若真的那样做了，会发生什么情况呢？

如果想从首尔去釜山，坐飞机和坐汽车所用的时间差不多。

害怕坐飞机的人可以坐汽车去。但是，如果要从首尔去伦敦，那状况就不同了，会是什么样子呢？

因为害怕坐飞机，坚持要坐汽车去的话，不仅不容易找路，还要浪费不少时间，而且过程也比较复杂。最后，可能还没到伦敦边境就在中途放弃了。就算到了伦敦，也会因为花费了太多的时间和费用而打乱计划。这样一来，去伦敦的意义就不复存在了。很显然，盲目地追求安全，反而使自己陷入了更大的、达不到目的的危机当中。所以，从首尔到伦敦，不管你有多么缺乏安全感，都要坐飞机去。

害怕小的风险，就会遭遇更大的风险

倘若不做收益性资产投资，一年也能获得10%以上的高息收益，那就没有必要去做收益性资产投资。同样，如果以低息资产赚来的稳定收益，足够预备出所需的资金，也没有必要去做收益性资产投资。像这样什么都不做也不成问题的话，投资本身也就失去意义了。

倘若你不属于上述情况，并到了必须采取一些措施拯救自己的收益的时候，就不要只顾担心“如果赔本该怎么办”或盲目地期待着“总会有个结果吧”。你应该立刻拿起钞票去做分散投资，否则你将会因准备不充分而陷入到更大的危机中。

就算现在有点风险，也应该将一部分资产分出来用做收益性资产，这样才能为将来可能出现的风险作防范。金融市场上不是很流行“保本产品”这个词吗？殊不知，这种保本产品反而会给你的未来带来更大的风险。我们有必要明白，看似具有风险的分散投资，其实更加稳定，更加安全，而且现在的风险就是今后最大的安全。

分散投资第二阶段
向主导市场的核心基金投资

成功的投资取决于持续性，而不是收益性。

是不是只要将资产分成稳定资产和收益性资产，就等于做好了分散工作？

不是。其实，稳定资产除了银行储蓄外，可以选择的对象并不多。再加上每个银行的利率都差不多，所以分散稳定资产是没有多少意义和实效性的。

然而收益性资产就不同了。我们可以根据资产的多少制订目标。有以银行两倍利息为目标的资产，也有将数十、数百个百分点作为目标的资产。目标收益越高，需要承担的风险也就越大。

有些投资者因在海外投资获得了高收益而感到非常高兴。但是用一个特定的方式获得了一次成功，并不意味着这个方式能够让你每一次都成功。世上没有不坏的工具，也没有万能的药物。所以说一个方法不能一生受用。不仅如此，一次错误的选择可能会将之前辛苦赚来的钱全部赔光。所以说，收益性投资的风险越大，越应该切实地采用分散投资的方法，而不应该一味地追求高收益。

在前面我们已经说过，与其说分散投资是为了减轻市场风险，不如说是为了减少人们的情感风险，即贪念和恐惧所带来的风险。那么，究竟应该以何种方式分散收益性投资，才能减少人的情感风险呢？

与其急于求成，不如持之以恒

从首尔坐汽车去釜山，急急忙忙全速前进和安安心心始终匀速前进，这两种方法中究竟哪一个方法更好呢？

就目前看来，加速行驶肯定要快得多。一会儿抢行，一会儿超速，相比之下一定能尽早到达。但是这样驾驶很容易出现紧急情况，而且踩急刹车的次数会有很多。这样一来，不仅加大了燃料的消耗，还会加大体力的消耗，去休息所休息的时间也会变长。

相反，匀速前进就不会发生特殊的紧急情况，所以可以舒舒服服地坐着，心情愉快地去驾驶。与此同时燃料效能也可以得到提高，身体也不会感到疲劳，也不用频繁地去休息区休息。也就是说，从费用和疲劳程度的角度出发，匀速行驶不但要优于加速行驶，而且在时间上也不会与之相差太多。

一般，往返于首尔和釜山的高速客车，都会遵守时速 100 公里的规定，不会比它更快了。人们总会有这样的想法，认为不加速就快不起来。但即使中途在休息区休息 15 分钟再走，从首尔到釜山也只需4个小时10分钟。有高速公路驾驶经历的读者可能知道，短时加速，私家车可能会比客车快。但是在进行长途驾驶时，就算不是客车专用路线，私家车要想超过客车也不是件容易的事情。

收益性资产也一样。想要快速行驶，即要获得高收益，不管是从收益角度考虑，还是从费用方面考虑，收益性资产都没有坚持投资带来的收益大。在此我们可以了解到，虽然研究商品的人，认为能够带来高收益的投资方法才是最好的投资方法。但是，如果研究人就会明白，不管遇到什么情况都能够不放弃投资，持之以恒地始终坚持投资，这才是最好的方法。

然而，明明知道持续性比收益率更重要，但是人要想维持这种持续性却非常困难。总之，在分散收益性资产时，首先要考虑的是，如何才能持续不断地维持分散投资，而不是去考虑究竟什么样的方法才能带来最高的收益。

想要持之以恒，就要和大家一起行动

究竟如何进行分散才是不被市场变化所左右、始终能够坚持投资原则的投资方法呢？

截至2007年，仅韩国的个别投资项目就已达到了一千多个。而投资于这些项目的基金，包括海外基金在内，也已经有九千多个了。那么，在如此多的项目和基金中，究竟应该选择哪一个做投资呢？

就像前面所讲的汽车的例子一样，要想快速前进，就要根据情况来回进行急刹车或急加速，也就是说要随时变动。但是如果以与周围车辆相同的速度，跟着车流行驶，就不用来回变动或动摇了，即可以按部就班地坚持原则。同理，最好的投资方式就是紧随市场流向做投资。

请回答下面的问题：

在下面的四种投资情况中，令你感觉最冤枉的是？

1. 我在涨，别人也一起涨。

2. 我在涨，别人却在跌。

3. 我在跌，别人也一起跌。

4. 只有我自己在跌，而别人都在涨。

一般人都会认为第四种情况最令人感到冤枉。由于市场不景气，导致了股价下跌，如果在自己下跌的同时，别人也在跌，多少还可以得到些安慰。

但是，当别人都在获得收益的时候，只有自己在亏损，那么这时就会有被孤立的感觉，令人难以言表。而且在这种情况下，投资者很容易被情感左右，做出一些类似于低价抛售的错误选择。因此，最合理的设想是第一题和第三题，抛开贪念，在与别人相同的环境中进行投资。

核心基金和卫星基金的比例要保持7：3

与别人相同的环境指的是，既然我是住在韩国的韩国人，就要和韩国市场的走势步调一致。总之，我的分散投资应该主要集中在韩国的证券市场，尤其是决定市场脉象的大型优良股，也就是核心基金（项目）上。与之相反，国内中小型股票基金或与国内市场无关的海外基金被称之为卫星基金（项目）。

对股票进行分散投资时，需要遵守的最重要原则是，要将大部分资金投资于紧随市场走势发展的核心基金（核心项目）。而将小部分资金分散投资于与国内市场走势无关的卫星基金（卫星项目），以便分散风险，获得额外收益。这里需要明确一点，我们要通过分散投资减少的风险，不是指股市本身所具有的风险，而是人本身所具有的风险。

研究商品和市场的人总是致力于如何规避股市风险。所以，基金才会被分成稳定基金和风险基金。这样一来，在他们眼中，相对稳定的基金就成了核心基金（项目），而相对有风险的基金就成了卫星基金（项目）。但是要论稳定性，欧美等发达国家的投资市场更加稳定。所以，从研究市场的角度出发的话，欧美等地的基金才能算做是核心基金。也就是说，应将大部分资产投资于这一稳定市场才对。

但是就如起初说的那样，人本身所具有的风险要大于股市所具有的风险。所以，想要减少人所具有的风险，就应该投资于我所赖以生存的土地——周围的大多数人所投资的韩国证券市场。赚了1百万的隔壁英姬的妈妈，要比在数千公里外的，在异国赚了1百亿的投资者更能牵动我的心。如果只考虑证券市场的风险度，韩国市场远比发达国家的市场风险系数高。若是研究人所具有的风险，那么还是选择投资于生活在其中，并能切身感受到其中变化的韩国市场更加安全。

可以说，卫星基金指的是与国内中小型股票基金无关的海外基金。而且通过卫星基金，投资者可以获得根本无法在国内市场获得的额外收益。

也许根据具体情况会有所差异，但是最合理的投资比例应该是将核心基金和卫星基金的比例设为7：3。这样进行分散投资，无论市场动态如何变化，都不会被贪念和恐惧所左右，可以继续坚持投资，从而取得最好的投资结果。

分散投资第三阶段

分期投资

制订短期—中期—长期计划，不要只忙于解决燃眉之急，否则你的一生都将忙于救火。

100 米赛跑和马拉松，除了都是需要跑步的运动项目之外，其他再无相同之处。训练方法、适合的身体素质，就连跑步的方式都不同。

对 100 米赛跑来说，重要的是瞬间的爆发力。所以练就弹性和瞬间爆发力很重要。而对于马拉松来说，增加肺活量、训练耐力才是最重要的。100 米赛跑运动员通常都有一身强健结实的肌肉，而马拉松却和强健以及结实的肌肉毫无关系。这一点你回想一下韩国最著名的马拉松选手李凤柱就知道了。再来看看跑步的方式，100 米赛跑需要将所有的能量集中在 10 秒中之内，而马拉松则需要将所有的力量和技巧均衡地分布于近两个小时的竞赛过程当中。

和跑步一样，我们的人生财务目标也分为短期、中期和长期。

而且根据具体时期，投资方法也有着明显的差别。赛跑运动员可以在短跑和长跑中任意选择一项，集中攻克与之相符的训练方式。我们也可以用同样的方法去理财。

然而，我们的人生却并非如此。我们的人生不仅需要进行短跑，同时还需要进行中长跑和长跑。人生是个复杂体，不存在只进行一种的情况，所以我们无法像跑步那样只选择其中一项，因此，我们需要将人生的目标根据具体期限划分开，然后同时向前推进。

观察一般家庭的财务结构就会发现，分期进行分散投资的家庭并不是很多。例如，将中长期目标放在次要地位，一心一意努力还债，认为有一套自己的住宅才是唯一的出路，并集中全部精力预备购房资金，不敢做长期投资，只去做短期投资，等等。

有时想想，先着手准备眼前需要的东西并没有错。但是每次都像去解燃眉之急一样做投资，不是火刚要灭又死灰复燃，就是好不容易快将这边的火扑灭了，那边又重新燃起了一片火海。如果就这样下去，一辈子都在扑救急火的话，我们会错过很多真正需要去做的事情。来看看下面的例子吧。

人生路漫漫

A 先生为了购买住房，从年轻时就将个人所得的大部分，以 1 年或 2 年为单位做了短期存款。过了几年后，他终于用短期储蓄和部分贷款购置了一套住房。有了自己的住房后，他依然将长期投资抛在脑后，因为他将大部分的钱都用来还贷了。人在有压力的时候，很少能想到用钱换钱的方法。

好不容易贷款就要还清了，他又觉得自己现在住的房子有些挤了，想搬到大一些的房子里去。于是，他又开始了短期储蓄。钱攒的差不多了，又搬进了大房子里。随之需要承担的各种额外税款以及室内装修费用也接踵而来了。而且，搬进大房子之后管理费和生活费也比以前更多了。这样生活了没多久，为了能让子女受到更好的教育，他又搬到了教育环境好的地方。此后，教育费也比以前增加了好几倍……

人的欲望是无止境的。为了满足眼前的欲望，总是拆东墙补西墙，总是在扑救急火，长期投资连想都不敢去想。等到岁数大了，可能连救火的能力都没有了，只能艰难地度过余生。先前的拼搏似乎一无是处，到头来什么都没攒下，什么都没得到。回头看看那些盲目的付出，没有几样是值得的。

大多数人很容易接受短期投资，同时也会去做短期投资，然而一提到长期投资，人们不但觉得陌生，而且还觉得不好接受。人们认为短期投资可以根据具体情况，决定是否该继续进行，所以做起来比较放心。然而他们却总是对长期投资心有余悸，总是怀疑面对不可知的未来是否真的有必要做长期投资。

填满坛子的诀窍

有一个坛子，坛子的一边放着细沙、碎石和几个大石块。如果坛子的容量是固定的，那么如何将东西装进去才能装得更多呢?

先试着装最好装的沙子。装完沙子之后，坛子里的空间就会变小，变小的空间只能容下少量碎石子。而且由于碎石子无法钻进细沙的空隙中，所以装进去后，就会出现很多小缝隙。这时，已经没有多余的地方装大石块了。本来这个坛子可以装下一个大石块的，但沙子和碎石子占据了坛子的全部空间，所以大石块就装不进去了。

如果按照和前面相反的顺序装，先装大石块又会是一种什么情况呢？装进大石块后坛子中会出现很多缝隙，正好可以将碎石块填进这些缝隙里，这时，碎石周围又会出现许多缝隙，这样就又可以将沙子灌进去了。坛子终于被填满了，而且三种材料都在坛子里。

人一生的财务目标也是一样。短期投资虽然容易做，但与此同时它也很容易点燃人们的欲望，进行不必要的消费。这样一来，更重要的长期目标就只能半途而废，或干脆化为泡影了。

要知道，进行长期投资能让我们学会主动抑制欲望、调节消费，使人生变得更加充实。与其全身心投入于一个财务目标中，不如将目标合理划分为短期的、中期的和长期的，然后再同时向前推进。这样就能在小却实实在在的成就感和幸福中，顺利实现所有的目标了。是的，这就是幸福的人生。

不要一心只为一个房子而奋斗，这样反而会失去房子

鸡蛋要是自己破壳，就会变成小鸡；而让人打碎，就会变成煎鸡蛋。

根据分散投资的原则来看，韩国的家庭资产构成，大部分都不正常。造成这种现象的原因是房地产。

据 2007 年统计机关发表的材料得知，在韩国的家庭资产中，房地产所占比率达 76.8%。与美国的 36%、日本的 61.7%相比，明显要高出许多。这已然不是分散，而是“集中”了。

当然，我们也可以认为出现这种现象的原因，是由于过去 10 年内房地产价格的暴涨。由此引起的房地产过热现象，必然会让房地产的地位在家庭资产构成中有所提高。而且，在这一过程当中，也出现了不少新的靠房地产发家致富的富人阶层。

可是，我们绝对不能忽略一点：人们靠房地产赚的钱，至今还没有离开房地产市场。就算投资赚了一大笔钱，如果不及时停止投资，收回资金，随时都可能在顷刻间失去。这就像在赌场赢

了钱之后，只要还没有离开赌场，就不能说钱属于自己一样。由于房地产价格上涨，炒房收益是增加了，但是只要它还停留于房地产市场中，那就无法称之为“自己的钱”。要知道资产的价值随时都有下跌的可能。正确分散投资的方法应该是，当房产比重上升，能够实现合理收益时，选择一个特定的时期将它转变为现金，再重新将它分散成金融资产或其他资产。只有这样，才能真正让它变成“自己的钱”。如果已经实现了可观的收益却还不知足，还在犹犹豫豫地期待着价格继续上涨，不肯把钱抽回来，那么这就不再是投资了，而是走向“一步走错，满盘皆输”的赌博之路。

不幸的事情终于发生了，观察最近房产市场的动态就会发现，房地产价格正开始一路下跌。虽然还没出现明显的价格下挫现象，但是交易量已经进入了低迷期。考虑到人口老龄化和低出生率，估计今后的前景也不会太好。令人担忧的是，许多将全部资产投入于房地产的中产阶层家庭，可能会因为市场的停滞而变得难以维持生计。

虽然不能一味地说拥有或投资房地产等于做了一场失败的投资，但也成功不到哪儿去。由于在过去的10年间，投资一直集中在房地产市场上，所以如今的问题变得越来越严重，这已经成了不争的事实。趁现在还来得及，我们有必要将以房地产为主的资产结构，转变成合理的分散式结构。为了实现这一点，首先需要转变的是我们对房地产的观念。为了成为一个幸福的富翁，让我们一起来想想，究竟该如何转变对房地产的看法吧。

房子只是居住的工具

拥有房地产的目的有两个，一是居住，二是投资。其实，房地产成为投资对象的时间并不长，而且用做居住的工具，是房地产最初的目的。人人都渴望拥有一个属于自己的家，谁都能想象没有家的心酸。直到某个时期前，人们拥有房子的目的还仅限于“居住”。

但是到了1980年以后，随着国土开发的逐步实现，就在短暂的十几二十年之间，我们看待房地产的观点发生了翻天覆地的改变。如今的房地产已经变成了投资的代名词。而在这里，我们也绝不能忽略一个事实，那就是时代依然在变。

通过下面的案例，让我们一起来关注一下房地产模式的转变吧。

L先生是个三十多岁的中年人，他有两个孩子，却还没有属于自己的房子。一家四口居住在一个33坪（日、韩面积单位，等于一日亩的三十分之一，合3.3057平方米）的出租屋里。开始的时候，L先生也曾想过要买套属于自己的房子，但是经过了再三考虑，后来改变主意不打算买了。他认为不管是从投资角度考虑，还是从居住角度考虑，都得不到实际利益。

首先，他以投资为目的作了一下分析。如果住进自己的房子之后房价还能上涨，那就真的是锦上添花。虽然最近的房产价格处于相对稳定状态，看起来很难再涨，但是他还是作了房产价格会保持上涨趋势的假设，并对收益率进行了一下预算。

如果上涨，每年都要涨5%以上，这样才能保证房子升值。因为即使是到银行进行定期存款，每年也能顺利获得5%的利息。而且，每年物价也会涨4%～5%，如果连这5%都保证不了，那资产价值反倒要变小了。而且，做房产交易少不了要交购置税、登记税、转让税等各种税款和交易费用，这笔钱数目也不小。

终于，在对所有的情况进行了综合考虑后，他得出了结论：价格每年至少要上涨7%～8%，购房才会有意义。也就是说，现在值5亿的房子，10年后要变成原先价格的两倍——10亿，这样才能保证除去各项费用之后，获得的收益比存在银行收取的利息更可观。

根据当前房产市场的状况，33坪的房子在10年之后果真会变成现在的2倍吗？在这种房产市场持续低迷、人口逐渐变少的情况下，根本看不见投资的效果。根据对过去房产市场有关资料的观察，就是在过去10年房产价格暴涨的时候，除了江南区的部分房子以外，与物价上涨率持平的房子也不多。要知道当价值2亿的房子渐渐涨到10亿的时候，200元的代币也将渐渐变成1000元。

如果连想都不想就投资房地产，到时别说是定期存款利息，就连房子都很难卖出去，还会因此陷入左右为难的境地。

L先生正考虑投资目的的时候，妻子过来对他说：

“老公，我对房价上涨并不关心，我只想有个属于自己的家，在自己的家里过上和和美美的小日子。”

听了这话，L 先生心软了，是啊，妻子的想法也是对的，拥有了自己的房子才算是自己的家，租房子永远是住在别人的家里。于是他打算重新分析居住目的。现代社会中，男人大部分的时间都是在外面度过的，所以对房子的要求并不高，购房的欲望也不是很强烈。但是对于整日都在家里度过的女人们来说，能有个属于自己的家真的很重要。

但是在与妻子的谈话中，L 先生发现，当精心布置好自己的房子之后，妻子的心情只能得到暂时的好转，随着时间流逝她会越来越厌烦眼前的情况。她渴望 1 ～ 2 年就更换一次室内装修。不但如此，每当看到电视里播放最新设备的住宅广告时，她都会产生搬进新住宅的渴望。这样看来，她追求的不只是一种家的感觉，更多的是在追求一种新意。对住了十多年的老房子似乎没有一点留恋。

如果是这样，就更没有必要买房子了。要是买了房子之后，想卖的时候就能随时卖掉，那样还能有一笔钱用来购置新家。但实际上，实施情况并非想象中的那么容易。购房的费用和税款都不便宜，再加上到时如果不能及时卖掉房子，那么买新房子就成了难题。稍有不慎，就只能 10 年、20 年地看着变得越来越陈旧的房子发愁了。

把这个想法和妻子一说，妻子也投了赞成票，不过不是完全赞同。妻子提出了租房子时需要面对的几个问题。比如，每次签订租房合同都要求增加租金；孩子一旦开始上学，经常搬家对孩子的影响不好……

针对这些问题，L 先生经过打听发现这些问题都不难解决。

在过去，每当租房期满的时候，房东就会不停地要求增加租金，然而最近这种情况已经不见了。在新闻报道里，偶尔也能看到一些关于房东招不到新租户而犯难的消息。这正说明一点，就是房地产的模式正从以房东为主的市场，转向以租户为主的市场。虽然不知道这种变化会持续多久，但是就今后的经济状况和人口趋势来看，像过去那样慌里慌张搬家的情况不太可能发生了。也许过不了多久，我们就会迎来一个房东哭着喊着恳求租户再住一阵的时代。

放弃后会得到更多

最终，L 先生还是决定不买房子了。他认为，与其硬着头皮贷款买房，不如租一套好一点的房子住。这样一来，既可以省掉购房所需的费用，又可以用多余的钱去享受人生，也可以为子女多报个补习班，或者为夫妻俩养老做准备。而且如果真的需要购房，那就等到 20 年后花甲之时，行动不方便了，再去准备一套房子以便度过余生。

想到了这里，他突然觉得这个世界充满了乐趣，绚丽多彩。只要一想到放弃了一栋房子，却可以换取和子女一起享受幸福时光的日子，可以为幸福养老做好准备，而不是一辈子拼死拼活只为一栋房子，为了还债将美好的青春全部葬送掉，等到真正岁数大的时候除了一栋房子一无所有，最后还是不得不将房子卖掉，就激动不已。

“将全部都投入于房子，最后将会失去房子。可一旦放弃了房子，反而能够获得全部。”

L 先生的例子不一定对所有人都适用。但是随着时代的变化，或许有一天这种新思想会成为普遍现象。如果现在就是这种变化的开始，那么我们就不能再坐以待毙了。要知道越是等待，越是落后。

有一则笑话是这样说的：

“鸡蛋要是自己破壳，就会变成小鸡；而让人打碎，就会变成煎鸡蛋。”

如果在别人开始改变之前，我就已经改变了，那么就可以走在时代的前沿。然而，要是等别人都改变了，才随波逐流地跟着别人改变，那就只能看着别人扬眉吐气了。

房地产原本就不是投资的手段，只是居住和生活的工具而已。过去 10 年种植在我们头脑中的、根深蒂固的房地产概念是错误的。如今，房地产也该回到自己的位置上了。我们应该摆脱风靡一时的房地产投资的神话，在承认房地产是居住和生活的工具这一事实的同时，去做分散投资，不再使房地产成为资产的全部，要让它成为资产的一部分。

拿衣食住闹着玩儿，是会受到惩罚的。

面对市场的变动，变得迟钝些吧

上班族最好的理财方式是忠于自己的正业。

当观察做分散投资的投资者和做集中投资的投资者的行为时，你会发现他们之间存在着有趣的差别。

首先来看一下分散投资者的特点。

和所有人一样，在刚开始做投资的时候，喜欢频繁地去确认收益率，非常关注市场每天的市场动态。时间久了就会发现，有的基金上涨，有的基金下跌。前两次很是苦恼，究竟为什么会发生这种情况呢？是不是应该放弃收益差的基金，换成收益较好的基金呢？就这样，没过多久就又去确认了一下收益率，可是发现情况竟然变了，之前形势良好的基金已经变得大不如前，而之前形势非常差的基金却在恢复收益率。

而且在对多个基金进行了投资之后，再也没有精力去一一分析，究竟哪一个基金好，哪一个基金不好了。这种事情经历得多了，投资者就会慢慢明白，其实担心是没有意义的。从此，他们不会再被市场每天的变动所左右，而是放心地将投资交给市场本身的变化规律了。在商品投资期满之前，市场要是没有大的变动，就说明这种分散投资的形式是可以维持的，而且不用将大部分精力用在投资市场的变动上，从而能够兢兢业业地忠于自己的正业。

收益忽多忽少，情绪忽高忽低

相反，让我们来看一下集中投资者的特点。

只对一两个项目进行投资，关注点自然会变得集中。集中投资者对每天的收益率非常关心。价格上涨产生了收益，心情就会好。相反，价格下跌，有了亏损，当天的心情就会变得糟糕。他们就这样伴着情绪波动度过一天又一天。这个时候，要是发现了更好的基金，他就会放弃原来的投资，转而对那个众口称道的基金进行投资。

因为这种状况总会反复，所以他会将自己的本职工作忽略掉。一早上班，第一件事情就是看股市报价，从早上 9 点股市开盘，一直到下午 3 点股市收盘，无心做任何事情。要是这样做可以赚到很多钱，也就没什么好说的了，然而往往最后连个平均线都达不到。

就连这种不顾一切地做集中投资的投资者，也有对股市漠不关心的时候。出现这种情况，通常都是因为股价一路惨跌，令投资者束手无策，最后只能自暴自弃。这时的投资者会想，在如此严重亏损的情况下，放弃投资未免太可惜，一直盯着股市报价吧，又觉心如刀割。可谓是左右为难，不知如何收手，更不知如何继续，最后就只好选择漠视了。

集中投资者是拿出全部资产来进行投资的，所以当价格下跌的时候，他们只能耐心等待。然而这种耐心往往不存在，更多的是心急如焚。然而对于分散投资者来说，价格下跌就意味着他又多了一个用低价做投资的机会。于是，集中投资者和分散投资者的收益差距会变得越来越大。

要想工作、投资双丰收，就应该选择分散投资！

上班族最理想的理财方式就是忠于自己的正业。

每天关注报价，并不意味着可以获得高收益，也不意味着这就是成功的投资方式。相反，你会被终日急涨急跌的市场弄得头昏脑涨，连自己的本职工作都做不好。

分散投资看似枯燥无味，但是它会使投资者对市场的跌宕起伏变得不再敏感，迟钝起来。从而忘记市场，忘记变动，忠于自己的正业。最终，正业和投资都能获得成功。

面对市场变动，变得迟钝些是非常有好处的。投资的同时不要忘了忠于自己的正业。要想工作、投资双丰收，就应该选择分散投资。随着时间的流逝，你会理所当然地成为一个幸福的富翁。

有计划地分散投资，摆脱人生的束缚

不要因为工资是固定的，就束缚自己的人生。

企业家和上班族之间，不仅存在着工作环境上的差异，还存在着生活方式上的区别。

企业家的生活是这样的。他们每天都有面临破产的担忧，也有开拓新市场的梦想。就是说他们在面临破产的危险的同时，也梦想着将目前的事业扩大几倍或者十几倍，然后每天都抱着这个梦想去经营自己的事业。所以，不仅是在日常生活方面，就是在投资的时候企业家也喜欢朝着更大的目标挑战。

然而，上班族就不一样了。无论本人努力与否，他们都有固定的工作时间和薪水。这样的生活会让梦想变小，目标变少。时间一长，他们也就习惯了这种安逸的生活。这个特点在投资时也同样存在。他们不会苛求通过投资获得更高的收益，而是喜欢较为稳定的投资方式，不管做什么，他们首先要做的都是保全自己的本金。这样一来，到期就可以收取固定金额的银行存款方式成了他们的首选。工作的时间、薪水、到期返还金额，这些都是固定的。从此，就连一个人的人生也被限定住了。

致富法则：计划和分散

有许多中产阶层的上班族，都过着将真正重要的事情搁置一旁、却为一些琐碎的事情拼命忙碌的生活。

为了多收 1%的利息，而不惜跑多家银行。一听说哪有所得税减免或免税产品，就会像遇到了千载难逢的投资项目一样，争先恐后地去加入。而且他们在投资商品时最先考虑的是能否保全本金。

我并不是说具有上述特征的产品不好或者不重要。只是，当了解了实际情况之后，你就会发现，原本自己认为重要的，根本没有多大的意义。

对于那些每月存入 100 亿的人来说，1%就等于 1 亿。而对于那些每个月存入 50 万的人来说，1%就等于 5000 元。对于那些金融资产超过 10 亿元，年金融所得超过 4 千万元的人来说，免税产品除了可以单纯地节省一些税款之外，更重要的是它具有评价你是否会成为税务调查对象的作用。但是对于那些只获得几十万利息的一般的中产阶层来说，免税为他们节省出来的钱都不够付一个晚上的酒水钱。

在寻求稳定的、蝇头小利的过程中，一个人的未来会渐渐地被限定住。也许企业家在事业上成功了，一个早上就能获得巨大的收益。然而对于那些普通的劳动者来说，由于他们的薪水是固定的，所以仅凭劳动所得和稳定的存款是很难规划出自己想要的人生的。如果想要设计出自己所渴望拥有的人生，一种玫瑰色的人生，就算需要承担一定的风险，也应该从长远的角度出发，重新调整投资结构。

不要被风险吓得裹足不前，我们有分散投资这一“武器”，它会帮我们减轻风险、带来更大收益。

在制订出明确的人生计划后，就来根据这一计划进行彻底的分散投资吧！千万不要动摇，要坚定不移地将这两个致富法则执行下去。只要能够做到这 点，总有一天，超乎想象的富足人生会朝你走来。

行动指南

有效分散投资的方法

1. 分散成稳定资产和收益性资产

（100 － 本人年龄）% 的资金，最好是投资于收益性资产（股票等）。尤其是三年以上的长期资产，更要注重其收益性，而不是稳定性。

2. 分散成核心基金（项目）和卫星基金（项目）

先将整个投资金额的 70%左右，投资于与国内证券市场共同沉浮的大型基金，再将剩下的 30%投资于与国内市场无关的多种基金，以便获得高收益。

3. 根据人生目标，按期限进行分散

人生目标分为：2 ～ 3 年内需要实现的短期目标，3 ～ 10

年内需要实现的中期目标以及需要投资10年以上的长期目标和养老金。所以，与其集中向一部分目标进行投资，不如井井有条地将各个目标同时进行下去。

4. 改变对房地产的观念

就算父母靠房地产赚了钱，也无法肯定地说，我也一定能靠房地产赚到钱。同样,即使我靠股票赚了钱,也不能肯定,子女也一定能靠股票赚到钱。时代在不停地改变。只有能够适应变化的人才能够生存下去。

5. 请忠于自己的正业

股票也好，房地产也好，只有当收入有保障的时候，才会有余力去做投资。为了一心做投资而疏忽了本职工作是划不来的，殊不知，一旦收入出现问题生计就会难以维持。在你的人生当中，最好的投资就是为自己做投资，即提高你的身价。

第三章　创造终身收入

致富法则三

无论钱多钱少，无论拥有10套房，还是1套房，有生之年让你拥有一份固定的、源源不断的收入，这才是真正的、幸福的养老原动力——“产”的力量，同时也是致富的法则。

晚年拥有大笔款项的危险

晚年更需要日常收入。

最近老龄化趋势加剧，养老准备成为人人担心的焦点问题。在一些媒体和广播中，也经常出现有关老龄化的报道。有的还以特辑的方式报道与养老对策相关的内容。在它们的新闻提要中主要出现的句子有：

"养老需要多少钱？"

"养老金，需要准备 10 亿。"

"如何预备这么多钱？"

晚年意味着我们丧失了劳动能力，吃饭穿衣都要依靠积蓄。有的人觉得只要过上吃饱喝足的晚年生活就知足了，有的人想要趁夕阳时光好好地享受一番。无论哪种想法，想要实现都离不开"钱"。为了应对晚年，我们必须预先准备出一笔款项。因为我们不仅仅要为活着做准备，还要为生病乃至死亡做准备。面对变得越来越长的晚年时光，多攒一点钱是非常有必要的。在了解了这一情况之后，很多人都会去研究，究竟哪种投资方法能帮助人们预备出更多的钱。

看着上面的报道我们更是深有感触，似乎晚年生活就在眼前。但是，需要注意的一点是：这些报道都是那些从未经历过晚年、从未体验过晚年生活的人写的。因此，我们忽略了一个非常重要的东西，那就是晚年拥有大笔款项其实是件非常危险的事情。

要是听听那些非常了解晚年的人，正在经历晚年生活的人说的话，你就能确定这一点了，晚年拥有大笔款项确实是件非常危险、令人不安的事情。

在去研究怎样才能赚到更多的钱之前，要是能够事先考虑一下晚年可能发生的事情，相信你在准备养老金的方法上，会有个180度的转变。

无聊的晚年，极有可能陷入危险

我们来仔细观察一下“晚年”这一时期的特点。

首先，要明确一点，晚年是一个无聊的时期。晚年意味着退休，退了休就不再是个工作者，也就是说你要从一个忙人变成闲人了。退休之前，在社会生活中扮演着工作者的角色时，每天都过着目不暇接的忙碌生活。然而退休之后突然变得无事可做了。最初的几天，由于刚从工作中解放出来，所以会有自由自在的感觉。可是过上一周之后，你就不会再对玩儿感兴趣了。照这种生活方式再过上一个月、一年，你就会觉得生活越来越无聊，甚至会失去生活的热情。这个时候，你就会产生想要找点事情做的强烈愿望。通常这种情况根据人们拥有的财产多少，可以分为两种不同的形式。

没多少钱的人会用自己的身体代替钱去找事情做。于是，他们会寻找与自己年龄无关的职业，而且他们会满足于不多却持续不断的收入，最终得以克服无聊。

相反，有钱的人就不会去选择工作单位，而是去选择做买卖或者开公司。但是，对于这些从来都没有开过公司的人来说，成功可不是件容易的事情。就比方说那些韩国经济危机时期曾获得荣誉退休金的人吧，其中有一大半的人由于事业失败，就连自己原有的财产都给赔掉了。

还有一些有钱人会把目光放到证券市场。他们会把大笔资金直接用来投资股票，并且每天频繁地出入于交易大厅。好像也赚过几次，可到最后，失大于得，不少财产还是打了水漂，到头来过着悲惨的晚年。原本的幸福随着失利的投资逝去，而且一去不返。因为已经没有机会重新来过了。

倘若年轻人在事业上失败了，他还有重新站起来的机会。然而到了晚年就不一样了。所以拿着退休金去开公司或者直接用于投资股票，其实是件非常危险的事情。即便如此，依旧有许多人因无法克服晚年的无聊而去开公司，最终引来了巨大的危险。这样看来，没钱反倒成了好事。

孤独的晚年，很容易陷入诱惑

其次，晚年是孤独的时期。每天都过着百无聊赖的生活，渐渐地，就会感到孤独。年轻的时候，喜欢走亲访友，经常会去看望许多朋友，也会有许多朋友来看望自己。但是退休之后情形就不一样了，社会的关心似乎离自己越来越远了，被孤立的感觉会使人越发感到孤单，此景正应了那句话：人走茶凉。就算参加同学聚会或好友聚会，也只能热闹那么一两天，大部分时间还是要自己一个人度过。就这样，不知不觉间，就会越来越渴望身边人的关心和爱。有时候这种渴望会表现得很强烈，甚至为身边的人带来情感上的负担。

但是现实社会中，与那些对老年人施与爱和关心的人相比，试图利用他们的人似乎更多。社会上不是经常出现那些用关心和爱诱惑老人，将老人的财产骗到手后就跑掉的现象吗？大笔的资金在手，当然会引来许多骗子，等到失去这笔资金之后，人生也就变得毫无希望了。所以晚年一定要谨防上当，不要因为对爱的渴求而去盲目地相信别人。

需要应对存在诸多不便的晚年

再次，晚年是受各种疾病困扰的时期。治病要花很多钱，这也是很多人去不起医院的原因。然而钱尚可救活病不致死的人，却救不活病入膏肓的人。到那时，无论你存折里有多少钱都于事无补了。

倘若病死了还能落得个清静，最怕的就是死不了的。尤其得了痴呆症之类的精神疾病，即便拥有数百亿资产的大富翁，也无济于事。想要治愈这种病症，需要的钱不是一般的多。治好了还好，治不好的话，不但人受罪，钱更受罪。对于疾病缠身、判断能力模糊的老人来说，大笔资金不但没有任何意义，反倒会引起家族纷争，带来更多隐患。

晚年更需要日常收入

许多专家一边强调做好养老准备，一边去研究攒钱、赚钱的方法。但是像这种不考虑花钱，只考虑赚钱攒钱的做法，是非常荒唐且危险的。对晚年的研究越深入，越深切体会到，老人手中有大笔资金其实是极其危险的。

与之相反，那些每年都能领取年金的退休者，过的才是真正幸福的晚年。人老了确实需要钱，但钱多了不一定是好事。凡事都要适可而止，只要你拥有的钱足够生活和看病就可以了。也就是说，幸福晚年的答案并非沉甸甸的存折，而是终身的工作和源源不断的收入。

致富法则三，也是在研究晚年时期人所具有的特点时发现的。

人均寿命百岁时代，是福还是祸？

纵观数千年人类历史，养老问题几乎从未被担心过。

不知不觉间，平均寿命为 100 岁的时代已经大步向我们走来了。也许你问，现在人类的平均寿命才只有 80 岁，这话是什么意思？但是，如果你在平均寿命为 60 岁的 1980 年初，以 60 岁为基准准备养老基金，那么现在你的钱可能早就花光了。这样一来，剩下的 20 年究竟该怎么过呢？

观察当前平均寿命增加的趋势就会知道，人的寿命基本上每两年就会增加一岁。如果以这样的速度继续发展下去的话，20 年后，平均寿命就会变成 90 岁，而在 40 年之后，也就是说现在 40 岁的人变成 80 岁的时候，平均寿命将会增至 100 岁。是什么原因造成了这种情况呢？首先是因为导致人们死亡的因素少了，其次是因为医疗保障技术越来越高了，再次是因为人们吃得越来越好了，食物中含有的营养物质越来越多了。如果这些原因被继续完善的话，那么任谁都无法预料，人类寿命的增加速度会变多快，人类的寿命会增长到什么程度。

长寿，并不只是祝福

一直以来，长寿都是人们追求的愿望，也是一种祝福。据说，秦始皇曾经为了长生不老，使出了浑身解数。可是观察韩国养老问题的实际情况就会发现，活得久已经不再是值得人们高兴的事情，它反倒成了人们的一种负担。这情况恰好与古时候相反。时代发展了，世界变得实在太快，让人不敢想象，居然寿命也会越来越长。

不久前，有一家跨国公司针对养老问题，进行了一次问卷调查，里面有这样一道问题："当你听到退休这个词时，能够联想到的词都有什么？"对于这个问题，发达国家的调查结果中，有60%以上的人的答案是"自由、幸福、满足"。然而，在韩国却有半数以上的人回答"孤独、恐惧、无聊"。

同样生活在一个地球上，为什么发达国家的人们能乐观地面对晚年，韩国的人们却对晚年充满恐惧呢？更何况，现在的生活环境要比从前优越得多，而且我们的收入和资产也比以前多得多，按理来说人们应该更愿意活着。那么是什么原因让长寿由幸福变成了烦恼呢？

经济专家给出了这样的答案：

· 过去的宝宝热潮和最近的低出生率导致的畸形人口结构。

· 急剧老龄化导致老年人口以及所需养老费用的增加。

· 多种消费文化的扩散和低息导致的养老金预备不足。

· 公积年金、社会保障制度等国家性的援助措施不足。

这些原因在一定程度上解释了我们当前所处的状况。不过这种解释治标不治本，它让我们领会的只是表面现象而已。就算通过各种社会福利政策和经济政策解决了这些问题，也无法从根本上解决养老问题。因为，我们所担心的养老问题，不在于外部环境而在于人，即在于我们人类的思考方式。

21 世纪的韩国人民，为自己的晚年感到烦恼和不安的根本原因是，他们总是试图从“财”（财；堆钱）中寻找准备养老的方法。

钱不是用来堆的，而是用来赚的

老龄化时代，重要的不是“可以花多少”，而是“能够花多久”。

如果问那些靠现金和房地产等资产养老的人“每个月可以花多少？”他们就会回答：“需要多少就花多少。”

也就是说，只要想花钱，就可以从存折或房地产中提出来，至少眼前的吃住不成问题。

可要是回头再问：“能够花多久？”能够自信地回答“花到死没问题”的人究竟会有几个？显然，越是步入平均寿命变得越来越长的老龄化时代，可以做出这样自信的回答的人就越少。

存折里的钱毕竟是有限的，在取完之前你完全可以使用规定数额的钱，但是随着提取、再花费，资产会变得越来越少，到最后当存款余额变为“0”，而要过的日子却还有很多的时候，会变成什么样子呢？

不要将钱堆起来，要让钱生钱

仔细看“财产”这两个字，其实它是由财物的“财”字和生产的“产”字组成的。财物的“财”字是指现在所拥有的，用英语说就是 Asset。而生产的“产”字是指持续生产的产出物，即 Income。存折里的余额、公寓、土地等都属于固定财产（Asset），而每个月通过公司、事业所赚得的月薪属于收入（Income）。也就是说，人的财富是由财物和收入这两部分构成的。

年轻的时候，即工作时期是财产和收入并存的时期。所以就算不做其他准备，只要不出大差错，就不会有为钱而产生的不安感。不仅如此，我们还可以将花剩下的钱，存进银行以便增加财产。所以我们把这个时期称作“积累”或“增加”财产的时期。现在不是很流行一句话吗，女人赚钱的时间没有几年。实际上，不仅女人赚钱的时间短，相对于寿命而言，男人赚钱的时间也变短了。所以我们要在有限的青年时期，多多赚取财富，多多提高身价，以便拥有长期收入，为晚年打基础。

但是退休之后情况就不同了。结束了单位或者自己所从事的工作之后，收入没了，这时“产”就会消失，只剩下一直以来所积攒的“财”。从这时开始就不会再有收入产生，也无法积累或者增加财产了。因此，我们将这个时期叫做“耗费”财产时期。社会发展实在迅速，钱是禁不起花的，一个急事花去一笔，一场大病又花去一笔。这样一来二去，金库必然会被掏空。如果能有终身收益，状况可能会好一些。

无法继续赚钱了，只出不入了，晚年的艰难也就从这里开始了。收入（Income）消失之后就只能耗费之前所积攒下来的财产，然后看着渐渐变少的财产，人们就会变得越来越不安。也许最初的几年间还勉强可以支撑，但是随着平均寿命的增加，剩下的日子变得越来越长了，所以人们茫然困惑的时间也就越来越长了。

眼看着这样的结果发生，却很难在老年时期再增加财产，剩下的只有苦笑叹息。

年轻且有收入的时候，为了增加财产还可以试着到处去投资，也可以去尝试做一些兼职。即便在这个过程中有损失，也有的是能力和时间再去赚回来，所以可以鼓起勇气重新开始。

但是在人生的尽头，在这个无论什么事情都很难再重新开始的时期，无论如何都要靠之前积攒下来的钱，将剩下的日子撑过去。

难道年轻的时候，为了增加财富，能轻易地将钱交给风险性的投资商品吗?

要是为了多赚一点而投资，到时连本都赔进去了怎么办？想赚一点房租，就去投资办公综合楼，利用收取房租来赚钱。最后不仅没赚到房租，由于房子卖不出去，连本金都没收回来，另外，还要交什么财产税，要是真的变成这个样子，晚年可就惨了，到时就只有将财产交给保本的低息商品，每天看着渐渐变少的存款余额长吁短叹的份儿了。

但是不管怎么说，这样的状况总不至于将全部都赔进去。要是受子女或者熟人邀请，或者无意中被骗，这下剩下的那点钱可就保不住了。血本无归，老年无依，那可就坏了。晚年不同于忙碌的年轻时期，这个时期充满了孤独和烦闷，非常渴望得到身边人的关心。这时的人们是经不起一点诱惑的，因此很容易在不知不觉间让手中的财产化为乌有。而且，人们往往是在钱财全部被骗走之后，才会得知自己被骗，不过为时已晚，你已经成了一无所有的穷光蛋。

之所以会发生这样的事情，正是因为收入（产）消失，只剩下财产（财）的缘故。

幸福晚年的力量不是来自于财产，而是来自于收入

那么，如果到了晚年还有源源不断的收入，又会是什么样呢？

经常能够见到那些当了一辈子公务员的老人，退休之后过着令人羡慕的，幸福、怡然自得的晚年生活。之所以羡慕他们，是因为他们的存折里有 10 亿吗？或者因为他们拥有十多套房子？

当然不是。羡慕是因为他们的余生有源源不断的公务员年金作保障。

无论钱多钱少，无论拥有 10 套房，还是 1 套房，在有生之年能拥有一份固定的、源源不断的收入，才是真正的、幸福的养老原动力——“产”的力量，同时也是致富的法则。

最终，真正幸福的晚年的力量不是来自于财产，而是来自于持续不断的收入。

观念的转变，将理财时代变成“理产”时代

生产的源泉——土地，如今却变成了投机的温床，这将引来灾难。

最近，比起理“产”，我们的社会更沉迷于理财。人人都想获得高收益，人人都红着眼去赚钱。但是真正应该怎么去生活，却没有人知道。

原本是为了居住而建筑的公寓，现在却变成了用来赚钱的投资工具。不知从何时起，先选择发展潜力大的企业进行投资，然后再对由企业成长所赚得的利润进行分配的证券市场，变成了人们梦想赚大钱的投机现场。

神之所以赐给人类土地，是因为希望它能够成为人们播种、种地、收获粮食的生产源泉，成为生活的基础。然而，21 世纪的韩国领土却变成了投机的温床，而非生活的基础，显然已经失去了原来的意义。

将神赐予人类的土地作为生产之源泉、生活之基础的过去的

数万年间，从来没有人担忧过晚年生活。人类的历史文献中也没有关于人类因养老问题而苦恼的记载，也就是说这种现象出现于经济高速发展的现代，人们的欲望越来越高了，寿命越来越长了，但此二者却不能成正比，所以晚景堪忧的情况出现了。

韩国是理财共和国

即便是在乡村，也能深深体会到这一事实。晚年不遂之毒已经侵入了人们的骨髓。

原本那些一辈子在农村以耕地为生的人，虽然过得不是很富裕，但是也从来没有人说他担心自己的养老问题。通常情况下，他们都会说，只要还有一点力气，就要继续种地。还说，靠种地获得的生产品就足以维持生活，有什么可担心的。因为一辈子靠“产”，而不是靠“财”生活，所以没什么事情值得担心。

然而，当人们将生产的源泉——土地转换成了投机的温床之后，养老问题开始变得严峻起来了。随着“产”向“财”的转变，人类面临的危机越来越严重了。

就好比今天的环境遭到了工业化破坏一样。几千年来，从来都没有经受过巨大变动的地球环境和地球空气，如今却因工业化、文明化，在短短的几十年间受到了严重的污染。而且最终，这一结果使得人类的生存受到了威胁。这无异于人类自掘坟墓。

21 世纪的韩国是始终痴迷于黄金神话的所谓的理财共和国。

无论是韩国的哪个地方，哪个人，都被一种“先赚足了钱再说”的思想充斥着。这真的是正常现象吗？

财生贪念，贪念生灾

如果钱可以代表一切，那么为什么有钱的富翁还会去自杀呢？中彩票的人中，为什么就没有一个可以幸福到最后的呢？

不再多举例子，相信大家也该明白。众所周知，只顾一味地增加财富并不是走向幸福的道路。要想增加财富就要将收益放在首位，而收益是会引来贪欲的，贪念就是招致不幸的原因，最终不幸将导致毁灭。

《兴夫和诺夫》、《黄豆鼠和红豆鼠》、《会下金蛋的大鹅》等，这些不都是我们儿时听过数次、读过数次的，早已在历史当中被证明的寓言故事吗？只是时过境迁，那些故事早已被我们忘记，早已不知飘向何方，人们早已不再想着去实践。残留在脑海中的只有寓言的意义。然而意义并不能给我们带来实际的好处，不去实践的结果不言而喻。

如今这种只顾钱财和收益的势态，再一次给人类带来了烦恼和不安。很显然，当这种不安积累到一定程度的时候，就会招致巨大的灾难。所以趁现在还来得及，一定要将这种势态打压下去。这才是正确的致富之路。

人生的终极目标是幸福的生活。

为赚钱而理财仅仅是实现幸福人生的一种手段，所以不应该将它视为人生的目标。理财的最终目的还是为了实现幸福的人生。而且，为了实现幸福的人生，我们在理财的同时还要创造出源源不断的收入（Income），即理“产”。这就是致富法则第三。

在水库旁边种地，在河边种地

水库是人造的，而河是大自然创造的。

有两个种地的农夫。

其中一个农夫造了一个很大的蓄水池，并利用水库里的水种地。而另一个农夫则在一个水量不多，却能持续流淌的小河边，利用河里的水种地。

有了大水库的农夫，因为有充足的水，所以可以利用大量的水灌溉大规模的土地。虽然浇灌之后，水库里的水量会减少，但是到了下雨的季节，还是会有足够的水将水库填满。而且，除了特殊情况外，靠它大规模种地还是不成问题的。

但是，万一遇到久旱不雨的情况，又会是怎样一种情景呢？

开始的时候，水库也许还能支撑一段时间，但时间长了就不敢保证了。因为时间越长，水库里的水就越少。土地里的作物慢慢长大了，看着饱含着自己心血的农作物，农夫心里有种说不出的欣慰。然而看着一天天变少的水库里的水，他的心又纠结起来。

不下雨就无法集水，日益干涸的水库成了他的一大心病。水不够了，却不能因此缩小原来的种植规模。然而无论怎样祈祷，上天都听不到，就是不肯让雨落下来。

在这边，积水开始变腐，而在那边，由于水量的减少，农作物也正一点点地变干，简直就是进退两难啊！无奈之下只能放弃收成了。农夫开始后悔："之前水还那么多，要是节省一点就好了，早知道会闹旱灾，就该将地种在河边了……"一想到过去的荣华他更加伤心了。一步踏错步步错，错误的抉择导致了这场不幸。

相反，由于河里的水量不多，所以在河边种地的农夫，从一开始就根据自己的需要规划好了土地的规模。他没有贪心地将流水集起来再扩大自己的种地规模，不过，就算他想把流水集起来，流水也不会聚在一起。同时，他也不用担心水会消失，因为就算今天水都流走了，明天还会有新的水重新流下来。

每天踏踏实实种地，不用种太多，根据自己的需要进行栽培。即便遇到旱灾，周围的环境发生了一些改变，河里的水也不会断流。所以这个农夫一辈子都不用担心会发生由于缺水而无法种地的情况。

水库与河的启示

在这两个农夫当中，哪一个农夫的生活是你真正渴望的晚年？

我们的人生也是一样，在有足够的雨水，即源源不断的收入时，我们可以放心使用水库里的水，可退休之后，一旦收入消失了，情况就会彻底改变。

很多老年人都认为，只要存折上有积蓄就能安度晚年，其实不然。晚年到来之前你可能攒了很多钱，以为步入晚年之后，消费水平能够提高，能够过上无忧无虑的物质生活。可谁知，随着时间的流逝，这种消费水准越来越难维持，看着自己越来越可怜的样子，以前的安乐念头全都没了，唯一强烈的感觉只有悲伤。经济的问题将牵扯到生活的方方面面。一旦拮据，不仅难以生活，还会遭到周围的人以及自己的群体的排斥。这样一来，无论是社会地位还是情绪都会一落千丈，那种挫败感不是一般人能承受得了的。试想，如果你有一辆低档车，一定愿意将它换成中档车。然而，你若是拥有一辆高档车，那么你肯定不愿意将它换成中档车。俗话说，人往高处走，水往低处流，过得不尽如人意了，心里肯定不会舒服的。如果这一切都是因为没钱造成的，那你的心情将会更加糟糕。

即使在活着的时候，土地没出现大问题，死的时候水库里还剩下许多水，但那也不一定是幸福的象征。财乃身外之物，生不带来，死不带去。当你将要步入另一个世界的时候，看着自己辛辛苦苦积攒下来却无法带走的钱财，心里会更加难受。那是个不得不离开的时候，你没有选择的权利，只能眼睁睁地与那些财富分离。想得开一点，就当那些钱财是为子女而赚的。然而你把财产全部留给子女，他们就会过得幸福了吗？正如诸多遗产继承案例中提到的那样，有钱的父母养不出有出息的子女，兄弟间为了抢夺财产，会引起纷争和矛盾。

“世上最不幸的人，是在他死的那一刻还拥有很多财产的人。”

“富不过三代，也没有三代的乞丐。”

这些都是从古流传至今的至理名言。

贤明的人宁愿为子女提供良好的教育，也不会将财产留给他们。据说，美国首富比尔·盖茨和沃伦·巴菲特，无一例外，都已经声明，死后会将所有财产捐赠给社会。且不论这种做法是否正确，看看韩国那些拼了命也要把财产留给子女的财阀吧，他们的子女为了争夺财产互相残杀，兄弟间根本没有友爱和道义可言。

造了水库的农夫完全依赖水库生活。在他思考究竟如何才能填满水库的时候，水库却在慢慢地变成无用之物。这个例子已经把道理讲得很明白了，然而我们却还在思考着如何才能多攒一分钱。

相比之下，在河边种地的农夫就不一样了。从一开始他就懂得灵活运用大自然创造出来的水，即灵活运用“产”。他不盲目地扩大种地面积，在生活中是个既无贪念又懂得分寸的人。无论收获多少，只要知足就好。这样的一辈子才是幸福安宁的。这样的人在离开这个世界的那一刻，既不会留下什么，也不会扔掉什么。我认为这样的人生是没有缺憾的。

幸福富翁的秘密

到新西兰旅游过的人，都有一种共同的感受，那就是那里的大自然一尘不染，广阔无边，以它为基础生活着的人们淳朴亲切。无论是环境还是民风，每一位观光者都无不为之感叹和向往。这不正是我们想要回归的生活本源吗?

记得有位导游曾说过：“我们国家的牛是由人来养的，而新西兰的牛是由大自然来养的。”

在这个世界上生活了这么多年，让我们回头看看以前，对自己而言究竟什么才是真正重要的呢?神为人类创造世界，是希望人们能够在不改变它本来面目的前提下，好好利用世间的万事万物，幸福地生活，而不是让人们为了满足自己的欲望而互相争斗。越是贪心、越是脱离世界和自然规律，人类就会变得越不幸。

而神赐予人类的生存的基础、生活的源泉正是“产”，而且所有幸福的秘密也都在这里。

点　睛

我们的人生也是如此。在有足够的雨水，即源源不断的收入时，可以放心地使用蓄水池的水，安心地生活。然而退休之后，一旦收入消失了，情况就会彻底改变。像在河边种地的农夫一样，从一开始就灵活运用大自然创造出来的河，即灵活运用“产”，并既无贪念又懂得分寸地生活下去。不管收获多少，懂得满足就好。这样才能生活得幸福安宁。

晚年易得疾病，要做好心理准备

世上所有败坏人伦的犯罪，起因都是“财”。

上了年纪，身体必然会一天天地衰弱下去，紧接着许多疾病都会接踵而来。最近随着平均寿命的增加，一种叫做痴呆症的疾病发病率越来越高。根据最新的调查显示，每 10 位 65 岁以上的老年人中，就会有一位是痴呆症患者，而且这个比率呈现出持续上升的趋势。

一旦患上这种病，就会生不如死。因为患者要在神志不清的状态下度过余生，而且至今为止还没有根治这种疾病的方法。可以说这种病比死还可怕。患了痴呆症的老人，生活起来是非常困难的，他们基本上过着不能自理的生活。但最痛苦的并不是他们，而是他们的家人。对于那些照顾痴呆老人的家庭来说，那种艰难是难以用语言形容的。史上因照顾痴呆症患者而破裂的家庭不在少数。不管这个疾病多么骇人听闻，想要预防它都是相当困难的。

与年轻人相比，老年人更容易患上疾病。因为人体的抵抗力会随着人的年龄增长而降低，所以老人患病更不易好，这样一来就加重了老年人身体和精神上双重的负担。那么，为了预防这一危险的发生，我们该做哪些准备呢？

一不小心就会陷进痴呆症的泥沼之中

常常能在电视里看到这样的保险广告，声称会在老年人患有痴呆症或者其他一些疾病时，支付一定的保险金额。但是，对于需要终身治疗的患者来说，仅靠几千万元的保险金额，能挺过几个月呢？保险只是一种解困的方法，只能解一时之渴，无法解决根本问题。那么，为了应对疾病，我们究竟该准备些什么呢？

让我们一起来看看以下两位老奶奶的事例吧。

有两位老人正健健康康地安享晚年。

金奶奶年轻的时候理财有方，在首尔江南区的中心地带购置了一套不错的房子，此外，存折里还有 10 亿的高额存款，她在市中心的一个大型金融机构享受着 VIP 待遇。可以说过的是阔绰的晚年生活。另外，她有一个已经结了婚的儿子，每个月都会带着儿媳和孙子来看望她，他们一家老小享受着和和乐乐的天伦生活。

相反，崔奶奶不太会理财，所以没能攒下什么钱。但她做过多年的公务员工作，还有自己准备的年金。公务员年金和个人年金合起来，她每个月基本上可以领到 500 万，生活上没有什么困难。

和金奶奶一样，她也有个结了婚的儿子，儿媳和孙子经常会过来看望她，陪她解闷打趣，一家人也过得和和乐乐。

从目前的状况来看，除了两个人的财产形式不同之外，生活上就没有什么大的差别了。两个老人都很幸福，没有什么烦恼，也没有什么苦闷。

可就在临近八旬的时候，两位老奶奶同时患上了痴呆症。我们就从现在开始来仔细观察一下金奶奶家和崔奶奶家发生的情况吧。

因财生灾

首先是金奶奶家的情况。

人要是患了痴呆症，精神就会变得时而清楚，时而糊涂。所以且不说金奶奶本人感受如何，身边负责照顾她的人都陷入了担忧之中。因为时间紧张，经过再三考虑，儿子和儿媳决定将她送进疗养院，找个护工照料，而家人只需定期护理就可以了。

护理费和住疗养院的费用，每个月都从奶奶的10亿存款中扣除。因为无需儿子、儿媳亲自在老人家身边照料，所以也没什么特别麻烦的事情，只要偶尔去疗养院看望一下就可以了。

就这样，几年的时间过去了。本来没有什么值得费心的事情，可时间一长问题就开始出现了。在奶奶身体好的时候去看她，大家还可以开开心心地在一起玩会儿。可当她不清醒的时候，就会胡乱地指责批评别人，严重起来还会发脾气。这样一来，亲人的态度就改变了。

常言道："久病床前无孝子。"不知是从什么时候起，"母亲"这一词经常被"那老太太"代替了。再加上每个月都要交纳治疗费用，所以奶奶的存款余额变得越来越少了。站在子女的立场上来看，这笔钱是等奶奶去世后，全部由子女继承的。而如今，这笔钱却由继承财产变成了医疗费用，子女心里肯定不能平衡。

"也该离开了吧……"

虽然没说，却在暗地里这样盼望着。

虽然显得有些薄情，倒也是人之常情。而且，这也是在有痴呆症老人的家庭里时常会发生的事情。

结果，随着老人的神经越来越衰弱，她病得也越来越严重了。在子女和身边的人看来，越是这样负担越重。老人的钱越多，身边的人对她钱财的关心，就越胜于对她本人的关心。于是，人的地位、尊严逐渐退居次要了。

虽然金奶奶为了能有个安详的晚年，努力理财攒下了10亿，可到最后，等她失去了力气，患了病时，这反倒成了使自己晚年变得更加悲惨的原因。

由"产"生和

这回再来看一看崔奶奶家的情况。

崔奶奶的儿子也是经过了再三考虑之后，才决定将患有痴呆症的母亲送进疗养院的。住疗养院的费用和护理费用一共需要两百多万元。他打算用母亲的年金去支付这笔费用。可母亲的年金受领额是每个月 5 百万元，支付了母亲的治疗费用之后，每个月还是会有将近 3 百万元的盈余。所以他打算将这笔资金的一半，用于支付之前拖欠的儿子的补习费和子女今后的教育费，而剩下的一半就用做夫妇俩的零用钱。

可是，奶奶的年金在什么样的条件下才会产生呢?

其条件就是奶奶一定得活着，从奶奶去世的那一刻起，年金支付就会停止。

站在崔奶奶儿子的立场上，虽然随着时间的流逝和奶奶病情的加重，护理会变得越来越麻烦，然而他还是希望奶奶能够活得久一些。因为一旦奶奶去世，年金就会停止。这样一来，子女的教育费和本人的零用钱都会随即消失。

虽然崔奶奶的存折里没有多少钱，但正因老人家准备了年金，所以即使她患了疾病，也不会被子女厌弃，反而会变得越来越重要，且受到优待。

不知你是否认为，这两个例子的对比太过极端，太过尖锐。

但是，观察最近韩国发生的所有败坏人伦的犯罪现象就会发现，其原因都与钱财有关。类似将父母叫到国外，骗取钱财之后，将他们扔在那里独自跑掉的事件屡见不鲜。甚至有为了得到父母的财产，不惜花钱买凶暗杀父母的。

就是这样，钱越多，对钱的关心就越是胜于对人的关心，而且越容易对钱财产生贪念。最后就会发现这笔钱将成为使自己变得更加不幸的诱因。相反，由人创造的“产”——无论它是年金，还是事业上的收入，越多，人自身就会变得越可贵。

即便如此，人们还是会为了赚更多的钱而绞尽脑汁。殊不知，它最终会变成飞镖，刺进自己的心脏……

年轻的时候为了多攒一些钱，理财是必要的。但是年纪越大，越临近晚年，我们越是需要将堆积资产的“财”转换成提供源源不断的收入的“产”。一定要铭记，只有这样我们才能在变得越来越衰弱、越来越老的时候保护自己，并生活得更加从容。

晚年本来就是孤独的时期，不能再上当

理财，人生牢固的防御墙。

晚年是孤独的时期。无事可做不说，只要一出门就要花钱，见个人也不容易。所以晚年的时间越长，孤独的时间就越长。尤其是现在的人们。随着平均寿命的增加，孤独期不会只有5年、10年就结束，而是需要将近20至30年的时间！想想要经历那么长时间的孤独期，怎么能不胆寒？

也正因为如此，身边要是有谁主动来关心自己的话，就会对其感激不尽。在判断这种关心究竟属于什么性质之前，对关心本身的思念和感激就已经充斥了大脑，所以很难做出理性的判断。所以他们不会想到这种关心可能是以老年人为对象而实施的欺诈或不良诱惑。实际上，在我们身边欺诈老年人的现象正在泛滥。

新闻里也常常报道关于那些不知廉耻，不惜代价接近每天靠收废纸维持生计的老年人，并将那点可怜的钱骗走的事件。只要是具备正常理智的人，就能看出来的欺诈行为，偏偏老年人看不出来。难道他们都得了老年痴呆吗？非也，因为太渴望某种东西，所以才不惜用身上的一切去交换。他们究竟渴望什么呢？答案很简单，就是关心。在我们年轻人眼里微不足道的东西，成了他们心中的稀世珍宝。

就是这个时候，“财”变成了一种极其危险的东西。首先，这很容易使老人成为骗子关注的对象。只要骗上这么一两次，老人们就会失掉全部的财产。从这一点上来看，我们也再次体会到了“产”的重要性。来看看下面的例子。

宁愿花几万元换取幸福的老人

笔者认识一位不久前刚过花甲之年的老母亲。

那位老人家一辈子呕心沥血，只为了自己的子女和丈夫。忙碌一生，最后才想起了自己，而这时候她已经白发苍苍、人老体衰了。世上没有长生不老的人，所以在你年龄变大的同时，和你一路走来的朋友亲戚的年龄也都在变大，所以到了晚年，无论是朋友，还是聚会，都变得越来越少了。曾几何时，一把屎一把尿地将子女拉扯成人，然而那些忙得不可开交的日子转瞬即逝。如今子女都完了婚，老太太的身边冷清起来了，闲暇的时光越来越多，她变得终日没事可做了。几年前老伴退休的时候，她还以为，有老伴陪着终是不至于感到无聊的。可是一两天还好，要是好几年都只对着一张脸的话，就会变得比新婚初期更能吵架。时间一长，能说的话也就越来越少了。

然而就在不久前，这位母亲身上发生了一件奇怪的事情。习惯整天待在家里的她，不知从什么时候开始，一到早晨九点便不知去向了，直到下午五点多，太阳下山的时候才回家。究竟是去了哪里，不得而知，但是进家门的时候手里总是拿着一件东西。今天带回来一个小筐，明天带回来一筒手纸，后天再带回来一口锅……很明显，所带回来的东西的价钱变得越来越贵了。也不知道究竟发生了什么开心的事情，她的脸上总是挂着笑容。

时间一长，家里人便起了疑心。打听之后才知道，母亲每天去的是一个将小区的老人聚在一块卖东西的地方。如果是正常的销售也就罢了，可那里聚集的都是缺乏判断能力的老人。通过演出和多种活动弄得他们丢了魂之后，再利用各种花言巧语让老人购买他们的东西。开始的时候，他们也学别人做一些优惠赠送活动，可渐渐地，他们就开始兜售给老人一些贵重的物品了。而且这种现象随着时间的延伸变本加厉。

得知这一事实的家人成了热锅上的蚂蚁，急得站也不是，坐也不是，全家出动规劝母亲。大儿子说道：

“妈，那些都是骗人的。开始的时候好像没什么，但那只是骗人的把戏。他的目的是将便宜的东西以昂贵的价格卖给老年人。不久前电视新闻里就报道过类似的事情。”

二儿子又插嘴道：

“要真的是好商品，他就会通过百货商店或超市等正常渠道销售了，干吗还要把老人聚到一块，先搞那些根本与销售商品无关的、莫名其妙的活动，最后才把东西拿出来卖呢？”

话说得很对，再加上有电视报道证明，那就更不用怀疑了，这肯定是诈骗。

但是，听了这话，母亲却这样说道：“我去的地方和你们想象中的不一样。”

什么意思？

毋庸置疑，母亲已经陷进去了。而且陷得很深，已经拔不出来了。这场骗局在正常人眼里一清二楚，唯独老母亲意识不到，反而在为骗子以及自身寻求一种合理化的解释。有的时候我们会在新闻报道中看到，一些人被一种奇怪的宗教理念所迷惑，结果失掉了全部的财产不说，还要过集体生活，吃大锅饭。在其他人眼里，这简直就是荒唐至极的事情，但是真正深陷其中的人却茫然不知。

然而母亲变成这样是有原因的，接下来母亲所说的话，使儿子们哑口无言。母亲说：

“我现在真的是太幸福了。每天早上都和村里的老人们一起出去看演出、学唱歌、学跳舞，不知不觉中一天就过去了。这么长时间了，我第一次觉得时间过得这么快。我讨厌没有活动的周末。你们什么时候让我这样幸福过？再说，花几万块钱买点给我带来幸福的人的东西，这有什么错？我又不是把钱扔掉了。”

此话一出，儿子们顿时哑口无言。

说不动老人家，只好任其发展。事情终于发生了，几天后，母亲花了65万元将一套锅买回了家。据说，这是上等的日产锅，用这个锅熬汤不仅能减少重金属含量，还能用凉水煮面吃（真是不得不写出这句特雷人的话）。

她还说：“本来想买那个2百万元的，可实在狠不下心来买啊！”

“产”的力量连诈骗都能抵得住

人到晚年，会非常渴望得到关心，而且晚年也是人的判断力减弱的时期。所以只要对他们多一点关心，即使受骗他们也不会意识到，而且还会轻易地陷进去。直到财产全部散尽的时候他们才会意识到自己受骗了。但是意识到的时候，已经为时太晚，身无分文了。

上当受骗，就连年轻人也不能避免。通常人们在有了钱的时候，都不会让钱闲在家里或者银行里，他们会想方设法地寻找投资项目去做。很多骗子就是利用人的这个心理弱点进行诈骗的。而且诈骗犯善于神不知鬼不觉地找出有钱人，对他们的钱虎视眈眈，更何况是判断力早已变得大不如前的老人。对于智商正常的“你”来说，要想骗个孤独的老人简直就是小菜一碟。

在如此危险的晚年，如果自己手中的财产都是“财”的形式，会怎样呢？

存折里的 1 亿、房子 3 亿、地产 2 亿……就算有再多的钱，全部被骗也花不了多长时间。而且，人们往往会在失掉全部财产之后才会醒悟过来。

相反，以“产”的形式拥有自己的财产，那又会怎样呢？

每个月可以领 200 万元年金的人，一个月被骗的最高金额是 200 万元。倘若被骗，也不过一个月之内的生活艰难些罢了，到了下个月，就会有 200 万元划到账上。再受骗，还会有钱划过来；

再受骗，再有钱划过来……被这样骗上几次后，终会醒悟的，这时候就又有 200 万元划过来了。不管上多少次的当，对于以“产”的形式拥有资产的人来说，眼前可能会比较困难，但最起码的生活是可以得到保障的。这就是“产”的力量。

中了数十亿彩票的人必须要做一件事情，那就是拿到奖金之后，立即将其中的一部分钱拿出来购买年金。过去，中了彩票的人在一开始都过着非常奢侈的生活，但是时间一长，生活都会变得比中彩票之前更加艰难。当暴风雨过去，终于明白金钱的虚无缥缈时，身边若还能有年金陪伴，那么，最起码的生活也就得到保障了。

也许，在这本书的读者当中有得益于近期的土地开发政策，拿到土地补偿金，并在一早上变成富翁的人。眼前可能会因为拿到了许多钱而非常高兴，但是，不是用自己的汗水和努力赚来的钱最终是会消失的。在此，衷心地向那些人提出建议：

“现在的钱是通过土地获得的。先父将地作为生活的基础——‘产’传给了我们，所以到目前为止，我们一直都过着没有多少贪念且幸福的生活。但是如今它变成了‘财’。虽然眼前因为得到了大笔的钱，看起来很幸福，可也许这正是不幸的开始。请尽早将它换成‘产’吧。这才是能够使你和你的家庭终身幸福的唯一秘诀。”

点 睛

如果中了彩票，就请在拿到奖金的同时立即购买年金。将财产换成收入才是能够使你一辈子幸福的秘诀。

权顺分女士绑架事件

如果开始授子女以鱼，子女将会不停地要。

研究“产”字所包含的意义就会发现，它不仅对于养老来说关系重大，甚至对于人类的一生都是个非常重要的单词。“产”这个词是生产、收入的意思，但是换作另外一种意思，它还可以作为创造收入的方法、生存的方法来解释。

如果将生存的方法传授给子女，虽然他们没有得到财产，但是可以通过相互依靠、相互慰问建立起一种牢固的手足之谊。但是父母如果将“财”留给子女，就往往会发生子女们因为财产而互相争执，甚至断绝情谊的情况。

比50亿更有价值的汤饭秘方

在不久前放映的电影中，有一部叫做《权顺分女士绑架事件》。

电影本身是我们常见的戏剧影片，然而却蕴含着非常重要的信息。我们暂且来看看它的内容。

权顺分奶奶是一位白手起家的著名汤饭店的社长。数十年苦心经营店铺，虽说挣了不少钱，但实际攒下来的却没有一分，因为全都分给了子女。然而分完了财产之后，子女就对母亲不管不顾，甚至都不怎么联系了，在他们眼中唯一重要的只有挥霍这笔钱。

有一天，三个小偷来到这家汤饭店吃饭，他们见买卖不错，就计划着绑架社长索要钱款。于是，他们真的绑架了权顺分女士。绑架之后，当他们得知财产全部被子女抢走了，而她身上却没剩一分钱的时候，他们觉得非常荒唐。这时，权顺分女士为了把被子女分走的500亿重新找回来，提议和绑匪合作演出一场“苦肉计”。她让本打算索要5000万赎金的绑匪向她的子女索要500亿。

得知母亲被绑的事情之后，子女聚在一起开会。其实他们对母亲被绑架与否并不关心，但是考虑到自己的社会地位，他们不得不装出一副痛苦的样子，硬着头皮决定先拿出500亿来再说。警察说，用这500亿做诱饵抓获了绑匪之后，就会立即将钱还给他们。

在装有500亿赎金的集装箱用火车运送到交易地点的过程中，绑匪跳上了火车，将集装箱推进了河里。警察为了收回集装箱来到了河边，却发现只有权顺分女士一个人，而装有500亿的集装箱早已消失得无影无踪了！

一问权顺分女士，她说这笔钱是要捐赠给社会的，并且答应要给绑匪5000万作酬谢。绑匪觉得这非常荒唐，又是喊又是埋怨，但是一见警察赶来又不得不逃跑。这时，看着正要逃跑的绑匪，权顺分女士又给出了一件东西。

是什么呢？

一个皱皱巴巴的小册子，里面记载了制作汤饭的秘方。绑匪在逃跑的时候不停嘟囔，这究竟是什么玩意儿，殊不知这是能够得到长期收入的成本。最终无事可做的绑匪开始研究起了汤饭秘方来。几年后他们终于开了一家大型的汤饭店，并且取得了巨大的成功。

授之以鱼不如授之以渔

如果当时权顺分女士给绑匪的不是记着秘方的册子，而是50亿，那么又会是什么样子呢？

也许，过了几年之后他们还会去偷东西。

权顺分女士明白这一点，所以没有把钱给他们，而是将生存的方法告诉了他们。也就是说，权顺分女士所给的不是“财”，而是“产”。

我们的人生也是一样。如果父母将财产给了子女，子女是不会用这笔钱去过日子的。他们会在钱花光之后，厚着脸皮要求更多。如果将钱给一个既没试过攒钱，也不懂得如何去花钱的孩子，最终，会使孩子误入歧途。但是至今还是有许多父母在绞尽脑汁地想，该如何才能给子女多留下一些财产。虽然不能说这样做不好，但是，如果父母真的希望子女好，就应该在把财产留给他们之前，先将创造财产的方法、使用财产的方法教给他们。

《塔木德》里有这样一句著名的话：

> 授人以鱼，只能救一时之急；授人以渔，则可解一生之需。

捕鱼的方法就是“产”。

“理产”的基础，设计年金

年金不是金融理财产品，而是晚年生活的基本保障。

那么，“理产”都有哪些种类呢？换句话说，保证晚年源源不断的收入的方法都有哪些呢？

首先，终身工作是一个方法。无论是劳动收入也好，资产收入也好，能够一边工作一边创造收入，可以说是相当不错的“理产”方式。

但是由于工作单位都有退休年龄，所以退休之后创造劳动收入并不是件容易的事情。除此之外，与一般劳动相比，利用做买卖或者搞事业获得收入的时间可能会更长一些。但是要想亲自经营买卖或事业，那就必须要有好的体力来作保障。因此，无论是通过终身工作还是办公司来获得劳动收入，都不像我们想象中的那么简单。

还有一个方法就是租赁房产。收取房租或者将大笔款项存入金融机构，以便收取利息的收入形态，统称为资产收入。也就是用钱赚钱的意思。据说，拥有数百亿以上资产的资本家都是靠资产收入来度过晚年的。

可是资产收入是以房地产或者大笔钱款等“财”为基础获得的。房地产或大笔钱款等都是随时可能会消失的财产。而且在财产消失的同时，收入也有面临消失的危险。所以说，要想维持终身的资产收入就应该寻找其他更加安全的对策。

会下金蛋的鹅很危险

伊索寓言中，有一则关于会下金蛋的鹅的故事。

开始的时候，主人非常感激每天都会下一个金蛋的鹅。但是日子长了，主人渐渐地变得越来越贪心，最后为了得到更多的金蛋，将鹅杀死，抛开它的肚子。但是就在抛开肚子的那一瞬间，每天的金蛋也没有了。

资产就像是会下金蛋的鹅。在任其自然，不加干涉的情况下，每个月都会有不间断的收入，然而如果因贪心或欺诈把财产散尽，那么由此产生的资产收入也会随即消失掉。

年金是终身收入

最后的方法就是通过年金收入确保终身收入。这个方法比前面的两个方法更加安全，更加可靠，也更加有效。

首先，几乎所有的韩国国民都会加入国民年金、公务员年金等公积年金。随着老龄化速度的进一步加快，虽然通过国民年金解决养老变得越来越困难了，但是它起码可以保障最基本的晚年生活，所以这样做是非常有必要的。而且，只要人活着，就会有持续不断的年金划到自己的账户上。就算当事人死了，配偶仍可以得到一半左右的年金额支付。因此，即使眼前的需要得不到满足，也必须准备这一对策。

而且，专为个人设计的年金还可以通过保险公司或银行、证券公司等金融机构加入。从多方角度考虑，个人年金是一种最可靠的晚年“理产”。

第一，个人年金，从启动年金的那一刻起，它就只以年金的形式支付，就算是天塌下来也不允许临时支取。这样的功能看似不利，但是它能够保障终身收入。这项功能是年金最核心、最重要的功能。

第二，终身年金功能。虽然根据商品不同，收入会有差异。但是一般来说，在保险公司加入的年金商品，都会有终身支付的终身年金功能。相对于终身年金，还有只在特定期限内支付年金的定期年金功能。虽说定期年金每个月给予支付的年金额度要比终身年金的高，但是谁也不知道自己究竟能活多久。而且在平均寿命日益增加的老龄化时代，终身收入更显重要。所以终身年金功能是不可或缺的。

第三，对于任何人来说，个人年金是比较容易加入的。即使手头没有多少钱也能加入，即使没有多少财产，即使收入不高，也没有关系。只要是在自己的承受范围之内，根据自己的意愿做准备就可以了。而且，几乎所有的金融机构都有年金产品出售，所以不管在哪里，都可以轻松加入。只是，由于年金产品种类繁多，所以一定要将自身的计划和产品的特点进行综合分析后，再去选择适合自己的年金。

年金是生存的保障

正如上面所说，年金是一种金融理财产品。但是，“年金”这个词在词典里的解释是“每年支付的、特定数量的金额”。所以对我们来说，准备年金要比单纯地多加入一件金融理财产品更具意义。年金相当于终身收入。

学生时期通过认真学习，做好了准备的学生，到了30岁走上社会以后，会比别人赚得更多。相反，没有经过认真准备的学生在走上社会之后，只能靠一点微薄的收入艰难度日。学生时期准备充分与否，最终将决定我们今后在社会生活当中收入的多少。

晚年也是一样。年轻时期认真做好准备的人，到了晚年可以获得更多的收入。反之，到了晚年的时候，收入就所剩无几了。现在，可能由于你还有收入来源，所以无法体会到这一点，更何况，目前的生活还没有遇到过什么特殊的困难。

可是，假设你明天就退休了，这个月为止的收入已经全部进账，而从下个月开始就不会再有一分钱进账了，想必你就不会再这么想了。当然，这并不意味着你的生活将彻底改变，因为，退休后你过得还是和上个月一样的生活，只是收入停止了而已。所以一时半会儿还不会有什么大的变化，但是时间长了就完全不一样了。事先不去做任何准备，现在再来放声大哭，恐怕听见的人只有你自己。俗话说，朋友救急不救穷。你没钱了，只能自己想办法，别人是不会来帮你的。

就像我们为了更好的前途和更多的收入到处去求学一样，现在我们需要做的就是要确保晚年能够获得更多的稳定收入。获得这一收入的最简单的方法就是“年金”。与其说年金是金融理财产品，不如说它是一个人晚年生活的基本保障，维持一个人生存的保障。

点　睛

为什么说年金是最可靠的“理产”？

1．年金只要开始启动，就算天塌下来也不允许临时支取。

2．不管你活多久，只要你还活着就会有年金支付。

3．无论钱多与否，谁都可以轻松加入。

有了终身收入，晚年才会幸福

就算你已经 80 岁了，也应加入 3 年期基金。

我的母亲几年前在首尔新林洞开了一家房地产中介所。用的是 20 年前领的公认中介所资格证。现在在小区里也算有一席之地了，虽然收入不多，但是母亲整天在小区忙来忙去的。在我的印象中，母亲就没有闲暇的时候。她今年已经 67 岁了。如果是以前，这个年龄已经是人生的极限了，已经走到尽头了。可在母亲看来，这个年龄，生命才刚刚开始，无论从外表还是工作热情上，完全看不出她是一个快要离开这个世界的人。

不久前和母亲谈话，母亲对我说：

“都说人老了，睡眠系统就会退化，睡觉的时间会越来越短，可我都快困死了，一天到晚忙得简直没有时间睡觉。”

虽然，这样的话通常都只能在精力旺盛的三四十岁的年轻人嘴里听到。但是如果你观察一下我母亲的一天，就能理解她说这番话的心情了。

凌晨4点钟起床，去村子附近的教堂做凌晨祷告，6点钟回家稍稍合一下眼，吃过早饭之后就去房地产中介所上班，为了联系买家与卖家，整天在村子里忙来忙去。由于房产合同有的时候需要在晚上完成，所以偶尔还要工作到夜晚9点。即使不是如此，她也会在每晚的7点钟，赶去参加教会的种种聚会，忙得简直不可开交。

直到晚上11点钟才会回家。都这么晚了，本来应该停止一切，好好休息。但是她仍不肯上床睡觉，偏要在这个时候，学习1个小时的英语。之所以这么做，是有原因的。其一是对年轻时未能完成的学业的些许留恋；其二是为了能在明后年，和朋友一起去美国旅行。母亲已经将近花甲之年，但事情似乎比年轻人还要多。每天都在积极地运作：运作工作，运作大脑，运作生命。每天都过得如此繁忙，所以根本就没有时间去感受孤独和无聊，而且自然也就不会有受骗和参加不正常集会的时间了。

其实，房地产中介所产生的收入并不是很多。如果想用这些收入满足奢侈的物质需求，那简直是痴人说梦，不过每天忙忙碌碌的感觉，能最大限度地满足人的心理需要。都快70岁的老人了，却依然有办公室可去，依然有事情可做，这对生命时光即将凋零的她来说才是最重要的。不仅如此，就是把公民年金和小公寓房租产生的收入加起来也没有多少，但它起码能为母亲提供源源不断的收入。

在今年年初的时候，老人家让我帮她推荐一项好的基金。我问她，每个月的收入可能连1个月的花销都不够，为什么还要存钱呢？她却对我说，为了和朋友出去旅游，她需要买3年期的基金。

要知道，3年后她就要正式步入70岁高龄了，而今却还在计划着出门游玩。

其实，母亲之所以能这么想，正是因为有“产”做保障。之所以能实现自己的简单愿望，也是因为有“产”的保障。而这个“产”正是母亲的公认中介所资格证，它是母亲的终身收入。也正因为它，母亲才得以每天过得忙忙碌碌，才得以用收入去创造更多的快乐。

晚年需要生产的快乐

相反，靠“财”度过晚年的人，当前的消费给他带来的快乐可能会更大一些，但是看着自己的存款余额逐渐变少，肯定会越来越不安。况且，除了花钱享受，他就再无其他事情可做了。人最需体会的生产的快乐，他无福享受。这时的晚年，即使存折里有一大笔钱，也只能觉得更加烦闷和孤独。虽然剩余的时间不多，但空闲的时间却太多了，这么多时间，不去生产，不去社交，就只能孤独。

老龄化时代的到来，使得晚年时期变得和年轻时期一样长了。如果将近30年的晚年，你都无事可做，那会是什么样子？假设你有很多的钱，这30年除了消费还是消费，这样的生活真的能维持下去吗？一天、两天可能会觉得有点意思，但是一旦时间长了，你会变得越来越无聊和空虚。品尝甜味的时候，往往第一口都觉得非常鲜美可口，可正如大家所知，甜味要是吃多了会比苦味更让人反感。

想要幸福地度过漫长的晚年生活，就要去寻求生产的快乐。要想在80岁的时候，继续追求更加美好的未来、更加充满生机的生活，就需要一份稳定的收入去做保障。“理产”，将会帮你获得这种生产方法，获得这种创造终身收入的方法。

“理产”并不是刚刚造出来的新式用语。实际上，几万年来，人类历史一直都在使用着它，同时还有很多人尝试着它。那么，曾经为人们如此熟知的事物，在21世纪，却显得如此陌生和珍贵，这究竟是什么原因呢？

从今以后我们不要再谈理财了。越谈理财越是难以让你获得成功，人生也有可能因此变得更加不幸。请把理财当做一个实现幸福生活的准备过程，而不是制造幸福的方法。

从明天开始就马上改变自己的生活方式、投资方法吧！虽然这并不是件容易的事情，但我们可以从改变最小的习惯开始！相信当这种努力积累到一定的程度的时候，你一定能创造出充满自信和幸福的晚年。

点 睛

“理产”并不是刚刚造出来的新式用语。实际上，几万年来，人类历史一直都在使用着它，同时还有很多人尝试着它。致富之路并不遥远。现在是你开始的时候了。

行动指南

设计年金的五大原则

1. 准备终身年金

年金的支付方式有三种：只在确定的时间内支付的定期年金、只付利息而将本金支付给承继人的承继年金和保证生活期间始终都会支付的终身年金。三种方式都各有优缺点，但是在这种无法预知究竟能够活多久的老龄化时代，应该优先选择可以保障终身收入的终身年金。

2. 使稳定性和收益性并行

年金准备是一种需要投资10年以上的长期投资。所以，如果利息无法超过物价上涨率，日后年金额的价值就会下降，无法准备出必要的资金。20年前的1亿元和现在的1亿元不同，所以对于长期投资来说保障本金并没有多大的意义。所以，在投资的时候应将重点放在能够超过物价上涨率的收益性上，而不是保障本金。

3. 选择专门的年金产品

目的不明确就无法坚持到最后。尤其在准备10～20年以上的年金时，更要有个明确的目的。加入了与年金毫无关联的基金或储蓄商品之后，打算今后将它当做年金来使用，这当然可以，但是要真正实践起来就有些困难了。所以说，选择一个不是以年金受领作为功能，而是以年金受领作为商品的专门的年金商品非常重要。

4. 夫妇应该以各自的名义做准备

晚年不是一个人度过的，所以要和配偶一起规划人生，这样才是善始善终。否则，一旦年金受领者先去世了，剩下的没有准备年金的配偶就会面临困境。从平均寿命上来说，通常女人会比男人多活7年以上。所以，应该以夫妻各自的名义做准备，而且尽可能优先规划夫人一方的。

5. 不要全部投资于免税产品

免税投资当场返还税款，无疑这个功能是有利的。但是2001年1月1日后加入的免税投资年金，虽然现在会返还税款，在日后受领年金时却需要征年金所得税，实际上这就等于没有返还。即便如此，却还是有人把返还的税款拿去应急，而不是进行再投资。应该事先制订好具体的计划，确定好自己究竟需不需要免税投资，返还的税款该如何进行再投资，然后再去加入。

结 束 语

让致富法则成为一种习惯

需要有一个专家帮我们把这三个法则变成人生的习惯。

现在，读者已经了解了成为富翁的三个法则。这个法则不是通过研究股票或房地产发现的，而是通过研究人发现的。在读这本书的过程中，你也许明白了，一直以来失败的原因都在于自己，只有改变自己的想法才能够成为富翁。我相信，读过这本书的人都将会成为幸福的富翁。

所有的读者真的都能够成为富翁吗?

本书的出版能改变这个世界吗？

遗憾的是，不能!

在研究人的过程中，你会发现一个特点，那就是“人是一种健忘的动物”。也就是说，如果不坚持做下去的话，最终会忘掉。无论多好的方法，多妙的技巧，多灵的法宝，不去实践就不会实现，不去坚持就不会成功。致富法则也是一样。

这三个法则并不是坚持一天两天或者一年两年就可以实现的，它需要你牢记一辈子并不断地去进行实践。其实，这三个法则，即“计划”、“分散”、“理产”，听起来会给人一种非常沉闷无聊的感觉，但它就像生命一样，与生命的时长相同，与生命并行，将它当成生命看待，持之以恒，便能收获美好的果实。

比起像“随心所欲”、“一下子”、“财产”、“大笔钱款”这些令人听了就兴奋的词，“计划”、“分散”、“理产”，简直太没有吸引力了。而且，人们往往在开始的时候会满怀信心地去尝试，没过多久就会将其忘掉，这就叫做半途而废，原本已有的希望被你扼杀在摇篮里了。也就是说你先前的劳动都白费了，而且你并不在乎。就像这样，在进行到一半的时候总是将其忘记或者放弃，大多的投资都只能以失败告终，而且这些法则也只能让你变得更加不幸。

所以说，如果想成为一个幸福的富翁，就需要用一种方法来防止遗忘。能够牢记好不容易才发现的法则，而且还能让最初的决心毫不动摇、坚持不懈地进行下去的方法，就是使之成为“习惯”。也就是说要让计划、分散投资、“理产”成为一种习惯。

然而，人要想自觉地习惯一件东西是非常困难的。试了几次之后可能就会放弃，时间长了也就忘了，最后只能重新回到原来那种无计划的人生中。

人需要一个“助手”来帮助他，将三个法则变成习惯。也就是说，每当你要忘记这三个法则的时候，都需要有一个同伴来不停地提醒你。那个同伴不一定拥有多么好的口才或多么广博的专业知识。虽然我们需要有个专家来告诉我们，哪个投资项目比较好，在这种经济状况下应该如何应对，但是我们更需要一个在任何情况下都能毫不动摇地给我们讲永恒法则的专家。那些前后不一，比起客户的利益更加注重自身利益的专家是无法将你引向成功的。

如果你想成为一个幸福的富翁，那就需要有个了解你的梦想，和你一起计划、一起进行实践，就算进程比较慢，就算和其他人不一样，也能够始终朝着一个梦想毫不动摇坚持原则的专家。

在世上生活，需要面临许多问题。也许开始的时候你会去埋怨环境，试图在其他地方寻找解决问题的方法。但是经历了几次痛苦之后你就会发现，原来，所有问题的答案都在自己身上，即在人身上。风靡全世界的畅销书《秘密》中有这样一句话：使人成功的秘诀是“引力法则”。也就是说，周围的状况是随着自己想法的改变而改变的。这本书同样也在人身上找到了成功的答案。

成为富翁的方法也是一样的。至今还有许多研究股票和房地产等的理财书籍相继出版。并不是说那些书中所写的内容或理论是错误的，只是希望读者能够在确立好投资原则和生活标准之后再去读那些书。不管什么事情，如果在毫无标准或准则的情况下就去接受各种思想，只会乱上添乱。

希望这本书能够成为一道光芒，引导那些在急剧变化的市场中感到混乱的投资者和正做准备的投资者以及一直在进行理财的人，找到那个将终身陪伴他们的原则和标准。

相信，无论哪一个读者，只要你能够找到真正的专家，帮助你将这三个法则变成习惯，并持之以恒地实践下去，在不远的将来就一定能够成为幸福的富翁。